北欧デンマークのライ麦パン

ロブロの教科書

くらもとさちこ

ロブロって？

北欧デンマークでは、1000年近く、「パン」といえばライ麦全粒パンを意味しました。ライ麦と水を発酵させた元種にライ麦全粒粉と水を加えて作るパンは、ヴァイキングの時代から受け継がれ、日々の糧であり続けました。

デンマーク語ではライ麦パンをRUGBRØDと表記します。RUGはライ麦、BRØDはパンを意味します。デンマーク語の発音を日本語に置き換えると、RUGが「ロ」、BRØDが「ブロ」。ライ麦パン（RUGBRØD）は「ロ・ブロ」になります。「ロブロ」は、ライ麦全粒粉100％で作るのが基本です。ライ麦の風味がダイレクトに楽しめるだけではなく、ライサワー種による発酵によって、健康機能を持つライ麦の栄養価が効率的に享受できるパンなのです。

デンマーク人が外国で暮らして、じわじわと恋しくなる食べものはロブロだといわれています。味わいだけではなく、ロブロを食べた時の満足感やロブロがある暮らしに存在する温かいつながりが恋しくなるようです。どこでも常備され、普段の日にもハレの日にも使われているロブロが、糧であると同時に、人と人を繋ぎ、そこで生まれる温かい情景に貢献してきたことにも注目したいと思います。

この本では、次にあてはまるパンを『ロブロ』を呼びます。

①デンマークで、1000年の間、暮らしに深く根付き、糧となり、人と人を繋いできたパン
②デンマークに伝わる方法で、ライ麦全粒粉と塩と水が基本となる材料をライサワー種で発酵させたライ麦全粒パン
③ライ麦をしっかり感じる粗めのクラムで、まろやかな酸味としっとりした質感を持つパン

どうして、ロブロ？

いろいろな縁が重なり、デンマークで暮らすようになって30年以上が経ちましたが、ロブロはいつもデンマークでの暮らしの中にありました。まるで空気のようにあたりまえに存在しているロブロとその使い方が、最初は新鮮に映り、次第に感銘に代わりました。デンマークの高等教育機関で健康と栄養を勉強し始めて、ロブロの力を改めて知り、子どもを育てるようになって、ロブロの味覚と使いやすさに魅了されました。

ロブロの特徴をキーワードで挙げると次のようになります。

おいしい・便利・かんたん・安心・満足・楽しい・ヒュッゲ・サステナブル・

滋味・健康・ミネラルたっぷり・食物繊維たっぷり・よく噛める・腹持ちがよい

世界遺産にも登録されている「和食」という伝統がある日本に、はるか遠い北欧の一国で培われたライ麦全粒パンとそのパンにまつわる文化をご紹介する意味があるのだろうか、と思っていました。しかし、日本はおいしいものへの追求心が高く、健康づくりを考える場合にも、学術研究で注目されているロブロが選択肢の一つになると、幅広いメリットが享受できるのではないかと思いました。

本書では、おいしく健康的なロブロが日本でも多くの人々に愛されることを願って、北欧デンマークで育ったロブロとロブロにまつわる文化をご紹介します。ロブロのおいしさを身近に感じ、ロブロのある暮らしをお楽しみくださるための参考になれば嬉しいです。

酸っぱくないの？ ボソボソしてない？

ロブロのことをお話しする機会をいただくようになって、ライ麦パンについてよい印象をお持ちでない方が少なくないことに気づきました。また、「ライ麦パン」を耳にすると「酸っぱい」「硬い」「ボソボソしている」と連想される方が多いようです。実際にロブロを召し上がってくださった方からは「全然、酸っぱくなかった」「しっとりしていた」「味わいが深かった」との声が多く、想像とちがうため、びっくりしたという感想をお伺いします。

酸味・・・ロブロは、イーストではなく、ライ麦を発酵させたライサワー種を使って発酵させます。ロブロの酸味は、生地に使うライサワー種の発酵具合と、生地の発酵具合によって決まります。朝に漬けたぬか漬けを夕方に食べるのと、古漬けと呼ばれるぬか漬けでは、酸味が違いますね。それと同じ仕組みがパンの発酵にもあてはまります。酸味を抑えたい場合は、活性状態のよいライサワー種を使うこと、生地の発酵時間が長くなりすぎないことがポイントです。まろやかな酸味が加わると、酸っぱいと感じるわけではなく、味覚の向上につながります。

食感・・・ロブロはしっとり、もっちりしたクラムになり、ふんわり感は期待できません。食パンや菓子パンなどのふんわり感は、小麦が持つグルテンの特性、そして精製粉、イースト、卵、油脂などによって生まれるからです。ロブロは日が経つと、しっとり感が薄れてきます。ロブロがどのような状態かを見極め、その状態に合ったおいしい食べ方を選ぶことが、ロブロを最後まで楽しむ秘訣です。

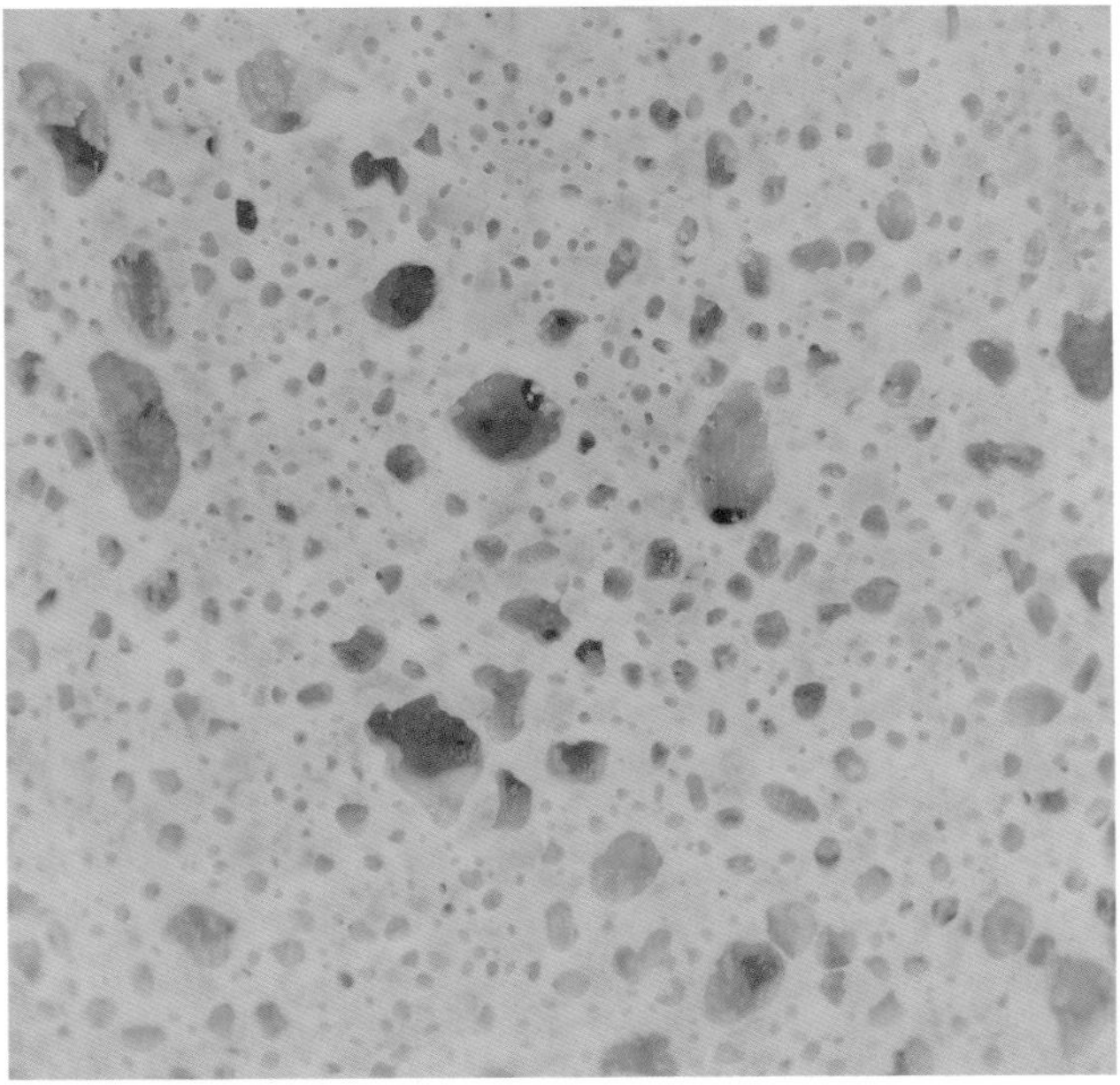

活性化しているライサワー種

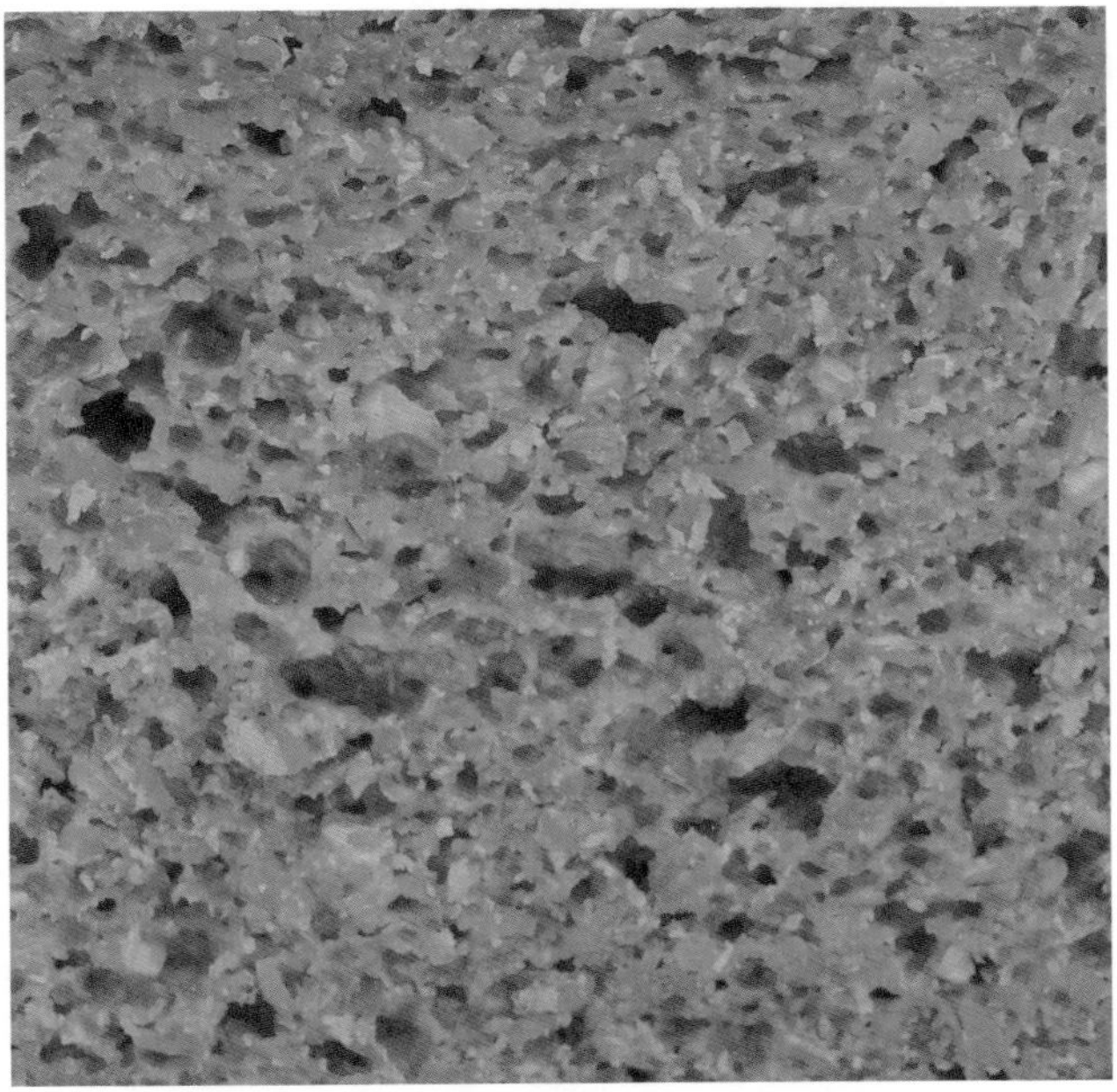

焼きあがって１日経ったロブロのカット面

ロブロ・ワールドにようこそ！

デンマークの暮らしで欠かせないロブロは、おいしいばかりではなく、健康を支える食材として、そして、人が集まる時に使う食材として大切にされてきました。また、おいしく食べるために、さまざまな方法が受け継がれてきました。この本では、これまでデンマークで親しまれてきたロブロのおいしい作り方と食べ方をご紹介します。みなさんも、それぞれの暮らしに合ったロブロの楽しみ方を見つけてくださいね。

ロブロのある暮らしには、余裕が生まれるように思います。それには、ロブロがおいしい状態で日持ちすることが大きな要素になっています。パンは焼き立てがおいしい、という概念を覆し、数日後の方が、バランスがとれた味と食感になります。精製された小麦が使われたパンが、大切に育てられたお姫様のような存在だとすれば、ロブロは、逞しさと実直さを併せ持ち、晴れの日も雨の日も黙々と畑仕事をする農婦のような存在。その揺るぎない安定感は、まさに母なる存在とも言えるでしょう。素朴だけれど滋味を持つ、決して飽きないパンなのです。

この本では、ロブロの文化背景や栄養の観点からのお話とともに、ロブロを楽しみながら食べ切る手法をご案内します。パンにお好みの具材をのせて食べるデンマーク発祥の料理「スモーブロ」はもちろん、サンドウィッチ、サラダやスープなどへの展開、小腹が空いた時にポリポリ食べることができるおやつ、お茶の席でのお菓子など、ロブロにはたくさんの楽しみ方があります。デンマークで培われた暮らしの知恵とロブロの可能性を共有することで、みなさんの暮らしがさらに豊かになることを願います。ロブロ・ワールドにようこそ！一緒に楽しみましょう。

はじめに

北欧デンマークのライ麦全粒パン、ロブロに初めて出会ったのは１９８５年。デンマークからの学生が実家にやってきた時、スーツケースから大切そうに出したのがお土産のロブロでした。

数年後、その学生の家族宅で1ヶ月ほど体験したデンマーク暮らしでは、ロブロの密着感と存在感がとても印象的でした。その後のデンマーク暮らしで、食事に招いてくださった数えきれない数の家庭でも、コペンハーゲンの就労先でも就学先でも、ロブロは必ず用意されていました。高等教育機関での講義は、ロブロに関する学術的研究の紹介に始まり、息子の教育機関でも食事の主軸はロブロ。デンマークでのロブロ定着度には、常に目を見張る思いでした。そして、おいしい食べ方をたくさんの方から学びました。

この度、デンマークで長い歳月をかけて築かれた「ロブロがある暮らし」についてのメリットや、ロブロをおいしく食べ切る方法をご紹介する機会をいただきました。これまで身につけてきたことを、みなさんと共有できることを幸せに思います。

この本では、デンマークで代々に受け継がれてきたライ麦全粒パンをその発音にちなんで「ロブロ」と呼びます。第一章では、ライ麦とロブロにまつわる蘊蓄《うんちく》や文化的背景、第二章では、栄養と環境の観点からご紹介します。第三章では、ロブロのある暮らしを俯瞰し、第四章では、ロブロのおいしさを時系列で追います。第五章では、ロブロを作る工程を説明、第六章では、デンマークを代表する料理「スモーブロ」に迫ります。そして、第七章では、ロブロのさまざまな楽しみ方をご紹介します。みなさんにとってロブロが身近な存在となり、毎日の暮らしで楽しんで使っていただけることを心から願っています。

目次

本書の使い方

計算単位は、1カップ＝200㎖、大さじ1＝15㎖、
小さじ1＝5㎖です。
人数などの記載がないレシピは、作りやすい分量とします。

第一章 ロブロとその背景

この章では、デンマークのライ麦パン「ロブロ」の主原料であるライ麦をライ麦文化圏にあるデンマークからの視点でご案内します。そして、ロブロを育てた国デンマークの概要、ロブロにまつわるいわれや変遷など、歴史的な観点からロブロを捉えます。

「ライ麦」ってどんな麦？

ロブロの主原料であるライ麦の学名は*Secale cereale*。黒麦やライとも呼ばれるイネ科の植物です。穀物として利用するのは、コメと同じ種子の部分にあたるライ麦粒です。

ライ麦粒は、他の穀物と同じように、種子が複数層からなる「外皮」で覆われています。ライ麦粒の外皮は緑褐色もしくは紫色を帯びています。種子の大半を占めているのは「胚乳」で、でんぷん質とたんぱく質を蓄え、次の新しい生命体になる「胚芽」の栄養になります。外皮と胚乳の間には、「アリューロン層（糊粉層）」があります。

ライ麦に含まれる食物繊維、ビタミン、ミネラルの多くは、外皮、アリューロン層、胚芽に存在するため、全粒粉を使うと、これらの栄養素を最大限に享受できます。

ミネラルはフィチン酸と結びつきやすく、フィチン酸塩という形でミネラルを捕まえたまま、体外へと排出され、体内でのミネラルの吸収が妨害されると言われています。フィチン酸塩を分解する酵素フィターゼの存在とその活性化で、ミネラルが体内で有効に吸収できます。ライ麦には、このフィチン酸塩を分解する酵素「フィターゼ」が他の穀物よりも多く含まれていることも特徴です。

ライ麦は、今から3000～4000年前、トルコ東部の小麦畑の雑草として存在していました。除草を免れたものが、何千年もかけてゆっくりと小麦に近い姿へと変化し、ライ麦という作物として栽培されるようになりました。

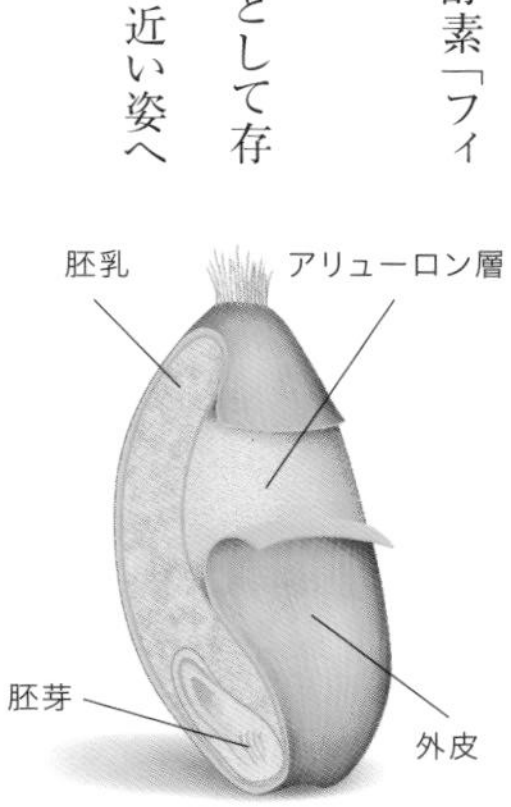

穀物の構造
Illustration:

ライ麦文化圏　ライ麦を主要穀物としていた地域

「ライ麦パンは餓死を避けるためを除いては食べるに値するものではない。暗くて沈んだ色の考えられないほど重いパンである。」古代ローマの博物学者・大プリニウスの記述です。古代ローマでは、ライ麦パンは貧困者が食べるものとして扱われていました。しかし、小麦と比べて耐寒性があり、乾燥や酸性土壌に強く、肥沃でない土地でも肥料をあまり必要とすることもなく収穫できたライ麦は、寒冷な気候のヨーロッパ中部・東部・バルト海の沿岸地域に広がってパンを作るための主要穀物となりました。

古来、麦を主要穀物として栽培してきたヨーロッパでは、国境ならぬ「麦境」があります。「ライ麦ベルト地帯」とも呼ばれるライ麦文化圏は、北境はスウェーデン中部からフィンランド南部にかけて、西境はオランダとドイツ、ポーランド、ウクライナを南の境とし、東はロシア一帯に続きます。この圏内が、ライ麦の栽培が盛んで、ライ麦パンが親しまれている文化圏です。バルト海の入り口に位置するデンマークは、緯度的に、麦境に囲まれた地域のほぼ中心に位置します。

ライ麦文化圏外の南側では小麦が主に栽培されました。北側ではライ麦の栽培にも厳しすぎる気候だったため、燕麦と大麦が食用として栽培されました。また、この地域の自然条件では、一年もしくは数年おきの製粉しか行えないことが多く、長期保存ができるクネッケなど、フラットブレッドの文化が発達しました。ノルウェーでは、ドイツやデンマークと交流のあった海辺の街以外では、近年までパン焼き窯さえ存在しなかったのです。デンマークではロブロ文化が培われ、隣国のノルウェーとスウェーデンでクネッケ文化が育った背景には、それぞれの気候が大きく影響しました。

スウェーデン
フィンランド
ノルウェー
エストニア
ロシア
デンマーク
ラトビア
ライ麦文化圏
リトアニア
オランダ
ドイツ
ポーランド
ベラルーシ
ウクライナ

デンマークのライ麦

デンマークでのライ麦栽培は、西暦1000年あたり、巧みな航海術で交易や略奪を行ったヴァイキングが活躍した時代に始まりました。小麦と比べて耐寒性があり、砂地でも栽培できること、肥料をあまり必要としないことが主要穀物となった原因といわれています。以来、1000年近くの間、ライ麦は主要穀物として栽培されてきました。

ライ麦は、9〜10月に種蒔きが行われ、翌年8月に収穫します。種子を丸ごと粉に挽き、パンの原料として食用に使うことが主流の穀物です。古来、秋蒔きのライ麦の成長が思わしくない時には、春に蒔く大麦の量を増やすなどの調節をして、飢饉を凌ぐ努力が行われました。

20世紀に入ると、じゃがいもが普及し、小麦が量産化されたため、ライ麦の消費量は減少の一途を辿ります。戦後の高度経済成長を経て、安価な小麦の量産が先行する風潮の中、1970年代、自然と共存した麦の栽培に奔走するグループが出現し、じわじわと支持層を増やします。今世紀に入ると、スペルト小麦、オーランド小麦とともに、古い歴史を持つ「焼き畑ライ麦」の復活栽培も行われるようになり、古来の地麦への認知が高まります。時期を同じくして、オーガニック農家がクオリティの高い麦を挽きたての粉として商品化する動きが起こり、ベーカリーだけではなく、家庭でも玄人はだしのパンを焼く人が増え、クオリティの高い地麦への関心が高まりました。ライ麦が豊富に含む食物繊維やビタミン、ミネラル、抗酸化性物質などの機能性も注目され、生活習慣病を予防する穀物として再評価されています。また、肥沃でない土地でも肥料をあまり使うことなく栽培できるライ麦は、サステナブルな生産観点からも注目を浴びています。

デンマークのライ麦畑より

ロブロの生地を型に入れる

『麦の家』

この半世紀におけるデンマークでの麦の発展において、ヨーン・ウシング・ラーセンさんとインゲさん夫妻の功績は計り知れません。夫妻のモットーは「他の人がやらないなら自分がやる」。1970年代、オーストリアの思想家・教育者ルドルフ・シュタイナーが提唱するバイオダイナミック農業や自然と人との結びつきへの考え方に深い感銘を受け、オーガニックという概念が存在しなかった時代、バイオダイナミック農法で育てた麦を蜂蜜と塩の力で発酵させるパン製造に踏み切りました。

1974年、夫妻は有志とともに、「アウリオン（Aurion）」という企業を立ち上げ、地元のバイオダイナミック農家との協働で、地麦や古来種の麦の販売や自然発酵によるパンの製造と販売を手掛けました。「アウリオン」は、デンマークで最も長い歴史と実績を持つオーガニック・バイオダイナミック企業に成長し、古来種を含めた26種類以上の穀類とその関連商品を扱っています。素材への思い入れ、栄養的、食味的なクオリティの追求、革新的な考え方、自然と人間との調和は、創業時から引き継がれている精神です。

デンマークの麦に特化した体験型の文化施設「麦の家」は、2003年の着想から17年の歳月をかけて、夫妻の主導と多くの人々の協働、財団およびヨーイング（Hjørring）地方自治体、法人企業からの助成によって、2020年に開館しました。

壮大な田園風景が続く北ユトランド地方に立つ建物は、この地に広がる空と畑を結ぶ役割を果たし、デンマークで育つ麦と楽しく真摯に向き合える美しい空間となっています。生涯をかけて自然と融合したクオリティの高い麦栽培を追及し、麦を通じて「自然と人の均衡」を目指してきた夫妻の志を感じます。子どもへの啓蒙活動とともに、研究機関との共同研究を行い、食に携わる組織や企業が研修や商品開発を行える施設です。夫妻は2020年に「アウリオン」を退職、これまでの知識と実績を活かし、慈善活動という形で「麦の家」の運営に貢献しています。

文化施設「麦の家」Kornets Hus
Photo: Reiulf Ramstad Arkitekter

ヨーン・ウシング・ラーセンさんとインゲさん夫妻

パン講座では、ヨーンさんが自ら、麦やパンについての概論を講じている

丁寧な説明でパン作りが始まる

二人一組で工程を進めていく。素晴らしいオーブンが備え付けられている

＜夏＞ 農園で野菜を収穫したり、身近で自然を楽しむことに優先順位がおかれている

＜春＞ ぶなの森に咲くイチリンソウは、デンマークにやって来る遅い春の始まり

＜冬＞ クリスマスは、一年のハイライト。クリスマスを迎える準備もしっかり楽しむ

＜秋＞ デンマークの秋は湿りがちで冷たい。しっかり着込んで散歩を楽しむ人が多い

平等の国 デンマーク

デンマークは、ヨーロッパ北部に位置し、北はノルウェー、東はスウェーデン、南はドイツと国境を接しています。バルト海と北海に挟まれた半島と407の島々からなる、九州と同じくらいの大きさの国です。高緯度に位置するため、夏と冬の日照時間に大きな差があります。気候は温帯に属し、3ヶ月に渡る明るく涼しい夏と、半年以上に及ぶ薄暗く雨の多い冬の間に、春と秋が駆け足で過ぎていくという四季があります。国土の大半が平地で海に囲まれているため、雪が降っても、長く積もることはありません。

世界最古の国旗「ダンネブロ」

人口は約600万人、約1/4が首都コペンハーゲンに住んでいます。公用語はデンマーク語、世界で2番目に古い君主国で（最も古い君主国は日本）、現在の国家元首は、フレデリック10世王（2024年1月即位）です。デンマークの国旗は1219年か

日光浴を楽しめる公共スペースがたくさん設けてある

男女差が極めて少ない社会。子どもの送り迎えも男女平等

バリアフリーは、当然の権利とされている

市民の声に耳を傾けながら、公共スペースを設けていく

ら使われており「ダンネブロ（Dannebrog）」と呼ばれています。赤地に白の十字は、北欧5カ国の国旗に使われている「スカンジナビア十字」の基本となっています。デンマークでは、大人の誕生日などでも国旗で祝う慣習があり、サッカーの国際戦などでも国旗で応援する光景をよく見かけます。

平等の権利と義務

高福祉・高負担国家で、消費税25%、所得税は所得のほぼ半分を負担しますが、国民が医療や教育などを無償で平等に享受できる権利を持っています。世界幸福度がトップクラスであるとともに、国際競争力やＳＤＧｓ達成度も上位にランキングされています。家族や友人との幸せでゆとりのある暮らしと、オーガニックやグリーンエネルギーなどの分野で世界をリードする高い国際競争力は、ワークライフバランスを大切にする男女共同参画社会によって成り立っています。仕事、家庭、社会における活動で、男性も女性も平等の権利と義務、そして、可能性を持つ、という理念が礎となり、家庭と仕事が両立できる支援と労働環境が整備されてきました。

デンマークは自転車王国。自転車と歩行者専用の橋まで用意されている。宅配便が自転車で配達されることも

北欧5カ国の国旗：左から、デンマーク、スウェーデン、ノルウェー、アイスランド、フィンランド

デンマークの軌跡　大国から小国へ

ヴァイキング時代・北海帝国

デンマークでは、8世紀から11世紀までの約300年間をヴァイキング時代と呼びます。日本では平安時代にあたります。ヴァイキングたちは、牧畜、農耕、漁業を行って農民として暮らしていましたが、高い造船技術を持ち合わせており、可能性を求めて海洋に進出、交通・物流を頻繁に行いました。11世紀には、スカンジナビア半島、ドイツ北部、イングランドを支配する「北海帝国」に発展しました。

同君連合

14世紀から16世紀初頭にかけて、ノルウェー、スウェーデン、グリーンランド、アイスランド、フェロー諸島、エストニアのデンマーク領、そして、シュレスヴィヒ、ホルシュタイン、ラウエンブルグ各公国（現ドイツ北部）と王国同盟を結び、その盟主として君臨します。16世紀初頭にスウェーデンが独立、その後、エストニア

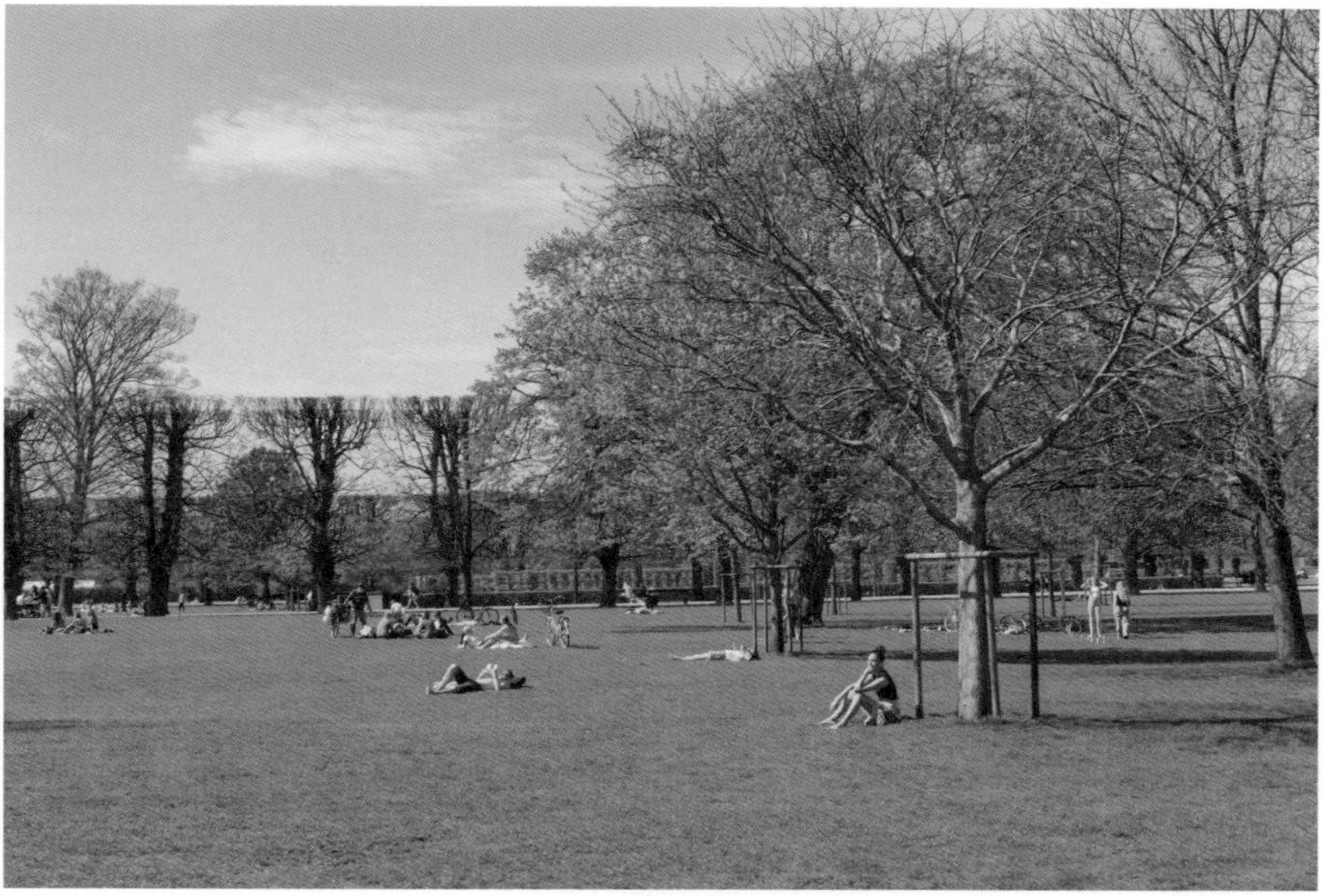

夏の風物詩、日光浴。半年近くの長い冬が過ぎ、暖かさを感じてくると、多くの人が陽の光を浴びるため屋外に出る

とノルウェーの一部を失います。

1864年の悲劇

1849年に立憲民主主義を確立。1864年にプロイセン軍に敗れ、シュレスヴィヒ公国、ホルシュタイン公国、ラウエンブルグ公国を失いました。1920年に住民投票によってデンマークへ返還されたのが、現在の「南ユトランド地方」です。

現在の大きさに

1905年にノルウェー、1944年にアイスランドが独立し、デンマークの領土は現在の大きさとなりました。第一次世界大戦では中立を貫きますが、第二次世界大戦ではドイツ軍の占領下となり独立を維持できず、1949年にNATOに加盟。1973年には欧州共同体（EC）の加盟国となり、1993年にEU創設を定めたマーストリヒト条約を批准。

スウェーデン、ノルウェー、アイスランド、フィンランドとの北欧5カ国では、北欧理事会（Nordic Council）や北欧防衛協力（NORDEFCO）などを通じ、政治、経済、軍事、環境などの分野で協力体制を敷いています。

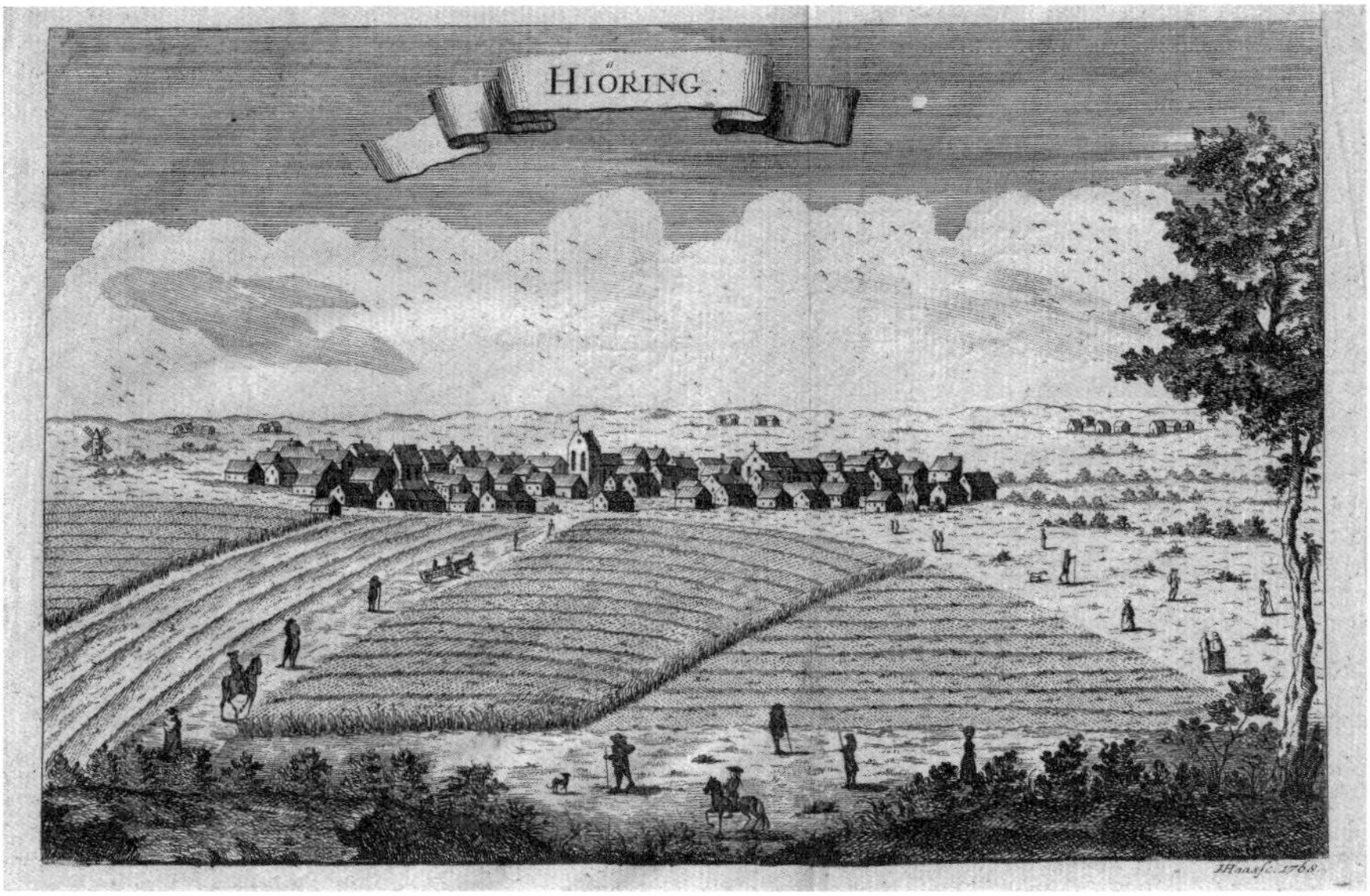

現在、「麦の家」が所在する町ヨーイング（Hjørring）、1769年の田園風景

デンマーク気質
ダルガスとグルントヴィの影響

１８６４年の敗戦で現在のドイツ北部にあたる肥沃な土地を失ったデンマークは、残された国土からの再生を図りました。「外に失ったものは内に取り返そう」と謳った詩人H.P.Holstの詩の一節は、国民の心に刻まれました。

工兵士官エンリコ・ダルガスは、ユトランド半島北部に広がる沼地とヒースの原野の開拓に尽力、植林で生まれた森林は冷害と水害を防ぎ、そこに農耕地が生まれ、豊かな酪農国に転換する出発点となりました。

同じ時代、人材育成という観点から大きく貢献したのは、牧師、作家、詩人、哲学者、教育者であったN・F・S・グルントヴィです。デンマークに今なお深く根付いている考え方や倫理を啓蒙しました。18歳以上なら学歴を問わず誰でも学ぶことができる成人教育機関「フォルケ・ホイスコーレ」は彼の考え方を基軸にした学校です。単位や試験がなく、寮で生活を共にし

デンマーク語を習得するために通ったフォルケ・ホイスコーレ。農業学校と併設されている。当時は、冷戦後という背景で語学に特化していたが、現在は、自然活動に特化している。https://www.kalohojskole.dk
Photo: Kalø Højskole

ながら、歴史、地理、計算、朗読、歌唱などの教養重視の教科によって、教師と生徒、生徒同士が対話による学びを身につけ、自らに向き合うことを重視します。生涯を通じた自己啓蒙を大切にする考え方は国中に広がりました。

グルントヴィは、膨大な数の讃美歌をデンマーク語に訳し、それは、今も歌い継がれています。1864年の悲劇は、愛国心や団結力、学びを尊ぶ姿勢に繋がり、政治や社会に積極的かつ建設的に参加する風潮が生まれました。国としての存続が危ぶまれる状況で培われたデンマーク人気質は、その後の文化的、社会的発展の重要な要となっているように感じます。

ダルガスの尽力は、内村鑑三の著書『後世への最大遺物　デンマルク国の話』（岩波文庫）で紹介されています。内村は、デンマークで行われた国運衰退時の事業の発展手法とその精神に着目し、小国でも自国にある自然の力を活かして開発すれば、大きな富を得ることができ、そのためには、信仰に基づく勤勉な精神が必要だと説いています。内村の思想に共感した松前重義博士は、「デンマークが敗戦から復興したのは教育の成果である」と考え、フォルケ・ホイスコーレへの関心を高め、のちに東海大学を創設しました。

2024年に180周年を迎えた世界最古のジュニア音楽隊「チボリガード」。年間150回に及ぶ公演をこなす。デンマークを代表するエリート音楽学校でもある

チボリで垣間見た休暇への考え方

文化施設チボリ

コペンハーゲン中心部に所在し、デンマークを代表する文化施設チボリは、1843年に開園した文化スポットです。19世紀のヨーロッパ上流階級に愛でられた庭園文化を色濃く残し、180年が過ぎる現在も花と光に彩られた美しい庭園と質の高いエンターテイメントで世界中からの入園者を迎えています。

テレビはもちろん、映画やラジオもなかった開園当時、花で美しく飾られ、生の音楽が一日中流れる庭園はあまりにも革新的で、老若男女が駆けつけたといわれています。

ジュニア音楽隊チボリガード

デンマークでの最初の就労先がチボリ近辺だったこともあり、チボリには思い入れが深いのですが、息子がチボリ傘下のジュニア音楽隊「チボリガード」に入隊し、8歳から16歳までの8年間を過ごすようになると、チボリを別の側面から捉えるようになりました。

チボリガードは、吹奏楽隊(52席)、鼓笛隊(20席)、鉄砲隊(20席)の三部隊からなる世界最古のジュニア音楽隊です。デンマーク王室近衛兵の衣装をお手本とし、デンマークの国旗に使われている赤と白を基調とした祝賀装束が印象的です。

チボリという一般企業が経営する音楽学校ですが、報酬を伴う

デンマークで2番目の大きさを誇るコンサートホール。先代の女王陛下の意匠によるバレエもここで公演される

歴史的保存建築物として登録されているパントマイム劇場。孟子の言葉「楽偕民興」が掲示されている

チボリを象徴する建物 NIMB（ニム）。黄昏時が美しい。1909年開業。現在は、スモールラグジュアリーホテル

国の文化財に指定されている「パルテール庭園」「PHライト」の設計者ポール・ヘニングセンによる意匠

公演があるため、メンバーはチボリの正社員として雇用されます。プロ向けのクオリティを持つ楽器と上等な素材で誂えた制服が貸与される他、一流音楽家による毎週1回の個人レッスンと週3回の合奏練習が無償という条件で、年間150回に及ぶ公演を就労する義務が雇用条件となり、一般の就労者としての社会保障や福利厚生が適用されます。7歳から入団でき、16歳で引退します。

チボリガードの夏季休暇

デンマークでは、4月から9月まで夏半期に就労者が夏季休暇を3週間続けてとる権利があるのですが、チボリガードの休暇は7月の3週間でした。デンマークを代表する観光スポットであるチボリは、6月から9月までの間、国内外からの観光客で特に賑わいます。そんな繁忙期の真最中、来場者を楽しませる目的を持つ音楽隊が丸々3週間の夏季休暇に入ることは、大きな驚きでした。

「音楽隊の生徒も家族と一緒に夏休みを過ごす権利があるし、家族揃って楽しく過ごす夏休みがあるからこそ、音楽隊での演奏が楽しめるし、音楽隊での活動を続けたい、という気持ちの基になる」というのが、繁忙期の最中に3週間続けて休暇をとる理由でした。社会保障の徹底とともに、楽しいと思ってこそ、最高のパフォーマンスができるという仕事への考え方の根幹を垣間見ました。

ロブロのある暮らし

古来、デンマークでは、ライ麦が暮らしを守る存在でした。人々は、やわらかいライ麦わらを層にして睡眠をとり、屋根を葺き、養蜂箱やかごを作りました。醸造樽の底にライ麦わらを敷くと、おいしいビールになりました。報酬はライ麦やロブロで支払われ、収穫時の手伝いにはロブロがお礼として渡され、働いていた農家を辞める時には、ロブロが餞《はなむけ》として渡されました。

生まれたばかりの子どもは、ライ麦わらのカゴに入れられ、ライ麦粒をかけて、誕生を祝福しました。その時のライ麦粒は、翌年の種まきまで大切に保管され、種まきに使って、子どもに降りかかる不幸が遠ざかるよう願いました。洗礼には、ロブロと銀貨が胸元に置かれ、その子が生涯に渡って、食べものとお金に困らないよう願うしきたりもありました。硬くなったロブロは、赤ん坊のおしゃぶりとして利用され、子どものおやつには、頬張るのが難しいほど厚く切ったロブロが与えられました。頬張る時に含む空気でさえも空腹を満たすと言われていたのです。

婚約した二人は、結婚式の前にロブロを一緒に持ち上げて、これからの結婚生活で食べものに困らないように願い、結婚式では、花嫁が教会の参列者全員にロブロをたっぷりと分けました。花嫁を飾ったライ麦わらで編んだ冠は、のちに、ゆりかごの上に飾られ、子どもの幸せが願われました。人生の終焉には、棺が用意されるまでの間、ライ麦わらを重ねたところに安置され、そこで使われたわらは、居間の天井裏で保管され、不幸が家の中に入ってくるのを防ぐ役割を担いました。ライ麦やライ麦で作られたロブロは、生命力を象徴し、逞しい守護的な存在だったのです。

仕込み桶でロブロの生地を合わせる婦人。1929年撮影。Bondens brød, Hansen, H. P. より

1860年に石窯でロブロを焼く女性たち。ロブロ焼きは女性の仕事だった。
Photo: The Green Museum

ロブロの変遷

農村社会でのロブロ

ロブロは、11世紀頃にライ麦全粒粉をライサワー種で発酵させて焼く基本手法が確立しました。発酵させた生地の一部を壺に保存し塩を表面にふって保管する方法も、この時から続く手法です。12世紀に石窯を作る技術が伝来すると、大きなパンが焼けるようになりました。

石窯は19世紀中期まで使われ、1ヶ月分のロブロの用意には、生地の仕込みも窯の火入れもはたいへんな重労働でしたが、4～5週間に一度の割合でパンを焼いていました。

13世紀には、火事のリスクを防ぐため、街でのパン製造をパン職人が一手に担うようになり、市民が暮らしに困らないよう、パンの標準化と価格の適正化が制定されます。

1610年のロブロは一個あたりが10.5kgという記録が残っており、大人数で日常的に食べていたことが窺えます。ラ

1929年撮影の野外に用意された石窯ではない窯。Bondens brød, Hansen, H. P. より

イ麦だけで焼かれるロブロは極上で、大麦や燕麦だけではなく、雑草や藁なども混ぜてカサ増しして焼かれたロブロも珍しくなかったようです。

ロブロは厚く切って供するのが最高のもてなしとされ、農村社会でのハレの日には、それぞれの家のロブロを持ち寄って、バターやラードを塗った祝い膳が用意されました。

産業化によるロブロの変遷

19世紀に職業が自由化されると、村の粉屋がパン屋を併設し、村でもロブロはパン屋で買う形態が生まれました。

産業化により最初に工業化された食品もロブロで、一部の地域を除き、自家製ロブロの文化は、19世紀末に衰退します。丸型かなまこ型だったロブロは生産効率が優先され、長方形が定番化しました。南ユトランド地方は、当時ドイツ領だったため、なまこ型でロブロを焼く文化が残りました。今も尚、この地方になまこ型のロブロが存在していることは興味深い史実です。

首都では、ロブロ専門ベーカリーがパン工場の経営に乗り出し、地方では労働組合によってパン工場が設立されます。

20世紀のロブロ

産業化によりロブロはパン屋で買うものという位置付けになり、持ち運びしやすい弁当に使われ、社交の場でもてはやされたスモーブロにも欠かせない食材でした。

第一次世界大戦中には、ロブロの重さは一本4kgと制定され、配給制度が敷かれました。第二次世界大戦が勃発した頃にはカット済みの袋入りのロブロが製造されるようになり、大きな話題を集めました。

1970年代のオイルショック後、物価の高騰で、質よりも量が謳われる風潮が主流となり、短い発酵時間では出せないロブロ独特の色を、焙煎された深い茶色のモルトパウダーを加えて補う手法が始まります。一方、自然との共存が見直され、地元で自然に循環する農法で育てたライ麦を、衰退していたライサワー種で発酵させて作る自家製ロブロの復興も広がっていきました。

1980年代には、しっとり感と柔らかさを持ったシード入りロブロが開発されます。1990年代に入ると、酸味の柔らかいものが好まれ、クオリティも重視されるようになりました。

今世紀のロブロ

健康への意識が高くなり、全粒食品であること、食物繊維をしっかり含んでいること、低脂肪であること、低塩であることが求められるようになっています。サワー種による発酵と地粉にこだわるマイクロベーカリーがこだわりのライ麦をサワー種で発酵させて作ったロブロを商品にし、カフェやベーカリーでのロブロ・メニューが人気を博している一方で、自家製ロブロにも新たな注目が集まっています。

人々の暮らしの糧であり、村をあげてのお祝いにも用いられたロブロは、今も引き続き、日常的にもお祝いにも使われるパンとして欠かせない存在です。

Photo: Odense Stadsarkiv

著書「ロブロの喜び」

庭では鶏を放し飼いにしている

オーセ・ソルヴァイ・ハンセン コペンハーゲン大学名誉准教授

ロブロ研究者

オーセ・ソルヴァイ・ハンセン先生は、コペンハーゲン大学の名誉准教授です。ロブロを主力とする最大手パンメーカー、シュルスタッド（Schulstad）での品質管理長を経て、30年以上に渡って、コペンハーゲン大学の食品科学学科で、穀類と豆類の品質についての講義と研究を行いました。

現在は、「麦の家」（24頁参照）の学術顧問やデンマーク大百科事典への執筆など専門領域を活かした仕事を行っています。麦および麦製品全般が専門ですが、ロブロに関する専門知識では、右に出るものはいないといわれています。

２０２３年には、『RUGBRØDSGLÆDE（ロブロの喜び）』という一般向けのロブロ指南書を上梓。丁寧でわかりやすい説明で、ロブロの魅力と作り方などが紹介され、ロブロのレシピ8点、ロブロを使ったレシピ9点が収録されています。

ハンセン先生は、工学系の技術者で催眠療法士でもある夫ジョンさんと、コペンハーゲン郊外のケール畑がある家で暮らしています。自家製ロブロの消費量は、一週間でそれぞれ1kg。ハンセン先生はお昼にロブロをスモーブロにして、ジョンさんは朝に分厚く切ったロブロをトーストにして楽しんでいます。庭で育てている見事なケールは、ロブロ同様、毎日、必ず食べる食材です。

昼食を準備するハンセン先生

夫のジョンさんもロブロが大好き

ハンセン先生による自家製ロブロ

自家製ロブロをカットしたところ

ハンセン先生の昼食

オーレさんとロブロ

妻のシュスさんとコペンハーゲンで暮らすオーレさんは、デンマークの大手銀行で取締役職を歴任し、定年後は、読書やバドミントンなど多彩な趣味を楽しみました。シュスさんは、高等教育機関での指導教官としてキャリアを積み、定年後は社会への奉仕活動に意欲的です。二人の子どもはそれぞれに家庭を持ち、近郊で暮らしています。

ロブロ作りのきっかけ

30年前にロブロを自分で焼くことに魅せられたオーレさんは、銀行での役職がとても忙しかった時代にも、ロブロ作りを欠かしたことはありませんでした。

ある時、友人がおみやげに持ってきてくれた自家製ロブロのおいしさに感動し、作り方を聞いてみると簡単そうだったので、焼いてみようと思ったのが、ロブロ作りのきっかけ。その時に友人から分けてもらったライサワー種は、今までずっと大切にかけ継いで使ってきました。

「前日に仕込んだ生地を、次の日に焼いてから仕事に行くという日もあって、そういう日には朝4時にタイマーを合わせていたこともあったのよ。」と話すシュスさん。

オーレさんとシュスさんの暮らし

定年後、毎日3食を一緒に楽しんでいたオーレさんとシュスさんの朝ごはんは、季節のフルーツを添えた発酵乳と自家製グラノラ。オーレさんのロブロはお昼ごはんに必ず登場しました。にしんのマリネやレバーパテなどをのせ、夏はトマトやきゅうりやハーブ類、冬は紫玉ねぎやビーツの甘酢マリネなどで飾ったスモーブロをナイフとフォークでゆっくり楽しみました。夕ごはんは、妻シュスさんの担当。鶏や魚を使ったメイン料理に野菜という組み合わせが頻繁だったそうです。

二人暮らしになってからのロブロ焼きは、月に3回、一度に食パン4斤分を仕込んでいました。かなりの労力を要します。オーレさんは、２０２４年2月、数週間ほど病床に臥した後、永眠しました。「ロブロは、ずっと焼き続けたい」という希望どおり、最後までご自身のロブロが傍にある暮らしでした。

「オーレとの人生は、すばらしかったわ。オーレが作るロブロをもう食べられないのは残念だけれど、これからはオーレとの美しい思い出と共に生きるのよ。とても幸せなことね。」シュスさんの言葉が心に響きました。

シュスさんとオーレさん

1. サワー種と水をよく混ぜる

2. ライ麦全粒粉を加える

3. シード類を加える

4. 生地を均一に混ぜる

5. さらにライ麦全粒粉を加える

6. 4斤分の生地の仕込みは、大仕事

第二章
からだと環境にやさしいロブロ

この章では、ロブロを栄養学の見地からとらえ、私たちの健康を支える可能性についてお伝えします。また、デンマークの食に関する啓蒙活動についても触れ、健康と環境の関わりをロブロの存在を介して考えてみたいと思います。

ロブロの栄養価

ロブロの基本材料と基本五味

ロブロの基本材料は、ライ麦全粒粉、ライサワー種、水、塩。ライ麦全粒粉をライサワー種で発酵させるロブロには、ライ麦の栄養価に加え、発酵によって生まれる栄養価が加わります。

ライ麦は、穀物の中で最も多く食物繊維とリグナンを含んでいます。食物繊維は、整腸作用など、からだの中で有用な働きを行います。リグナンは、抗腫瘍活性・抗酸化活性・抗肥満活性などの機能性が報告されている植物ポリフェノールです。

ビタミンB群やビタミンE、そして、マグネシウム、カリウム、カルシウム、鉄、亜鉛などのミネラル類も豊富に含んでいます。その多くは、精製すると取り除かれる外皮、アリューロン層、胚芽に含まれているのですが、ロブロはライ麦全粒粉を発酵させているので、これらの栄養価を余すことなく享受できます。

ライ麦は、小麦や大麦と同様にグルテンを含んでいますが、小麦とはグルテンの構造が異なり、量も小麦の1/3です。サワー種で発酵させるパンは、その発酵過程でグルテンが分解されるといわれていますが、ライサワー種で発酵させるロブロは、小麦パンと比べてサワー種の割合が多いこともあり、ライ麦パンでは

ロブロの日常的摂取で期待できる10の効果

1. 健康の維持・増進

ビタミンB群やビタミンE、マグネシウム・カリウム・カルシウム・鉄・亜鉛などのミネラルを含んでいる

2. 生活習慣病の予防

免疫性を高める効果と抗炎症効果を持つ成分を含んでいる

3. 特定のがんの発生や進行の抑制

大腸がんの発生や前立腺がん進行を抑制する成分を含んでいる

4. 肥満の予防・体重のコントロールに有効

食物繊維で血糖値の上昇を抑えることができるため、糖を脂肪へ蓄積する作用を持つインスリンの分泌が低下する（太りにくくなる）

噛み応えがあるので咀嚼回数が増えるため、満腹中枢が刺激され、少量でも満足感を感じやすい

食物繊維で食後の満足感を長く維持できる

5. 動脈硬化の予防

食物繊維が持つコレステロールを吸着して体外へ排泄する働きで、体内のコレステロール値上昇を抑える効果がある

6. エネルギーレベルが下がりにくい

7. II型糖尿病の進行抑制に役立つ

食物繊維とライサワー種による発酵過程で生成される酸で消化吸収が緩やかになり、血糖値の急上昇を抑制する（安定した血糖値）

8. 便秘の予防や便秘改善

不溶性食物繊維が大腸で水分を吸収し、便のかさ増し作用により排便が促進される。便が水分を吸収してやわらかくなり、スムーズな排便が期待できる。

9. 腸内環境を改善

発酵性食物繊維アラビノキシランが腸内の善玉菌の増殖を助ける

10. 消化の促進

噛み応えがあるため、咀嚼回数が増え、口内で生成される唾液が多くなる

小麦パンの摂取によって起こる症状が出ない人が多く存在します。

全粒穀物は概してミネラルが豊富です。しかし、ミネラルはフィチン酸と結びつきやすく、フィチン酸塩という形でミネラルを捕まえて体外へと排出される傾向にあり、体内でのミネラルの吸収が妨害されるともいわれています。

酵素フィターゼが活性化するとフィチン酸塩が分解され、ミネラルが体内で有効に吸収できます。ライ麦には、フィターゼが他の穀物よりも多く含まれている上、ライサワー種での発酵でフィターゼが活性化しやすい環境となるため、ロブロではライ麦が含むミネラルを有効に吸収できるといわれています。

古来、ロブロは健康をもたらす食品と見なされてきました。中世の医学書には、ロブロは心臓の痛みを和らげ、傷や脚気、下痢、歯痛、口臭に効果があると書かれています。発熱や炎症には、はちみつとライ麦全粒粉や、バターとロブロをペースト状に練ったものを症状のある部分に塗っていたそうです。ロブロ三口分をよく噛むと熱を下げるともいわれました。

公式食指針とロブロ

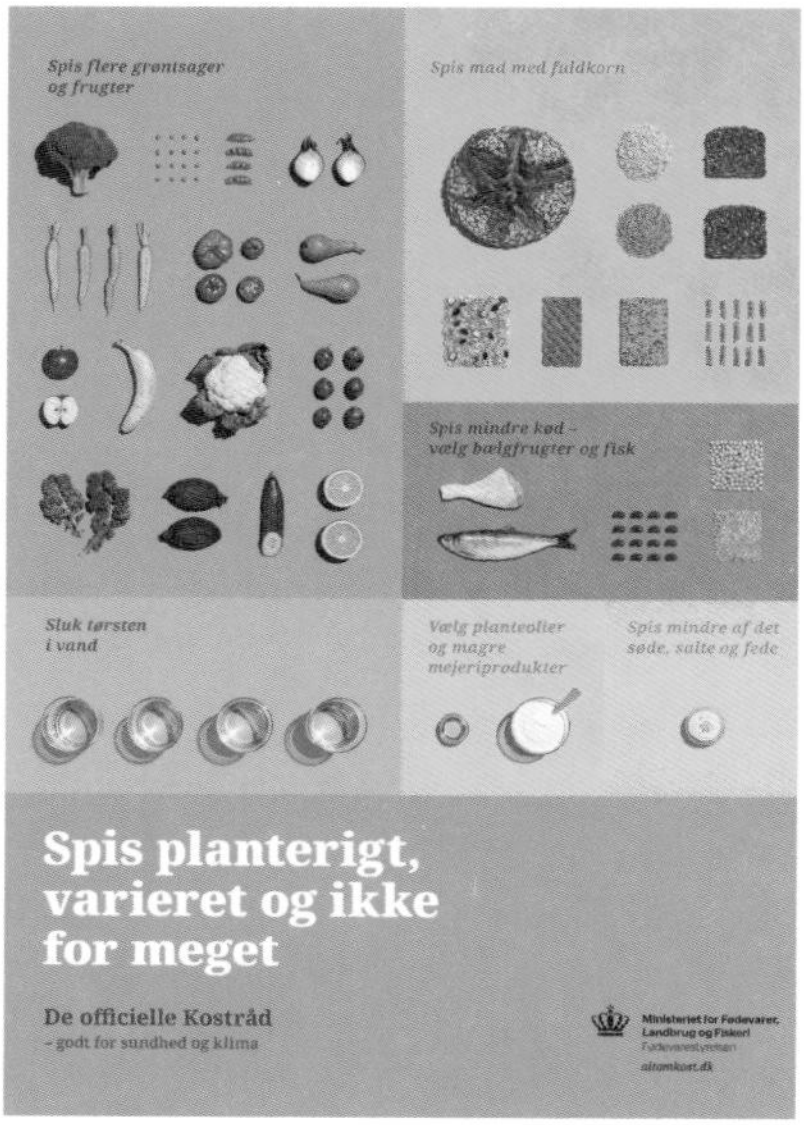

デンマーク食糧庁が公布している食指針
Source: Danish Veterinary and Food Administration

公式食指針の7項目

① 植物性食品をバラエティ豊かに多すぎない量を食べよう
② もっと多くの野菜とくだものを食べよう
③ 肉を控えて、豆類や魚を選ぼう
④ 全粒穀物を食べよう
⑤ 植物性油脂と低脂肪の乳製品を選ぼう
⑥ 甘いもの、塩辛いもの、脂肪の多いものを控えよう
⑦ のどが渇いたら水を飲もう

２０２１年にデンマーク食糧庁から公布された公式食指針は、上記の７項目を主軸としています。「健康と環境によいことをしよう」というスローガンの食指針では、毎日の食事は健康だけでなく、環境にも影響を与えるという着眼点が示されました。豆製品を含む植物性食品の推奨が明記されていることも特徴です。そして、この食指針に基づいた食生活により、①必要とされる栄養を摂取でき、②肥満や生活習慣病、がん疾患を予防する効果があり、③環境への負担を少なくできる、と解説しています。

乳幼児、妊婦・授乳婦、高齢者向けの特別項目とともに、ベジタリアンとヴィーガンへの特別項目が設けられました。ミートフリーデーの導入や、今までよりも少ない量の肉の摂取の推奨だけではなく、肉を野菜や豆、全粒穀物に置き換えることが提案されています。２０２２年の調査では、ミートフリーデーの導入が40％に達したという結果が発表されました。食べ過ぎを避けるためにゆっくり食べることも大切だと明記しています。

からだと環境にやさしい食事の目安が記されています。野菜と果物は全体の約４割、全粒穀物は約３割など、食品群による摂取比率がビジュアル化されています。また、イラストには多種類の食材が使われ、１〜２週間単位で多品目を摂取しようという提唱も行なっています。
Source: Danish Veterinary and Food Administration

ロブロは、この食指針の「植物性食品をバラエティ豊かに多すぎない量を食べよう」と「全粒穀物を食べよう」の項目に関わっています。植物性食品での食事の際には、豆やシード類と並んで全粒穀物を食べることがたんぱく質の摂取につながるという表記があり、全粒穀物の例として、ロブロが筆頭にあがっています。また、全粒穀物の購入には、50頁で紹介している全粒穀物を表示するロゴを探すよう提案しています。

公式食指針は、文化や社会背景などが考慮されて国民が総勢で使えるように作られていますが、一般家庭、大型調理現場、教育現場の三方向からの普及推進を図っています。家庭向けにはバランスのよい食事のビジュアル化、大型調理現場向けには献立への考え方や目安への手厚い支援、教育現場では、科学や社会、家庭科などの授業に向けた学年別指導要項だけではなく、教材やワークブックが用意されています。作りやすいレシピも豊富に揃っており、社会に参加する人々がそれぞれ食指針に添った健康を築く食事が実践しやすい枠組みを設けています。

ホールグレイン活動とロブロ

「ホールグレイン・パートナーシップ（The Danish Whole Grain Partnership）」は、全粒穀物の摂取を推進し、公衆衛生を促進する目的で設立されました。官民が連携した組織で、食糧庁、対がん協会、心臓協会、糖尿病協会、食品メーカーをはじめとするサプライチェーン、デンマーク産業連盟など、27のパートナーが協働しています。

このパートナーシップの中核的な取り組みは、全粒穀物商品が入手しやすい仕組み作りと、全粒穀物のおいしさを告知する活動です。この取り組みには、ロゴとマニュアルが用意され、マニュアルには、「全粒穀物」の規定と、全粒穀物を使った商品への基準、ロゴの使い方などが詳しく記載されています。毎年、全粒穀物のキャンペーンを行う日が設けられ、社員食堂、乳幼児施設、スーパーマーケット、ベーカリーなどと協働した販促を行っています。活動が開始された２０１０年には、ロゴが入った商品は１９０品目でしたが、２０１９年には１０９７品目へと増加しました。現在、国民の3分の2がロゴを認知しており、そのうちの8割が、買い物をする時にロゴを目安に選択しています。現在、全粒穀物の一日平均摂取量は、推奨量75gの8割近くまで到達しています。将来を見据えた食事は、全粒穀物と野菜という視点もプレスリリースで発表され、デンマークでの全粒穀物食品の代表であり、健康機能が実証されているロブロの存在は、ますます大きくなりそうです。

「ホールグレイン・パートナーシップ」のサイト https://fuldkorn.dkでは、全粒穀物を使ったレシピを通じて全粒穀物のおいしさを満載。
Photo: Fuldkornspartnerskabet

「ホールグレイン・パートナーシップ」の公式ロゴ

ミッケル・ヒンヒーデの提唱

ミッケル・ヒンヒーデは、現在の食指針に共通した内容を100年以上前に提唱した医師・研究者です。たんぱく質の過剰摂取、特に動物性食品の食べ過ぎに警鐘を鳴らし、薬を多く併用するよりも、ロブロとにんじんなどの「全粒穀物と根菜」中心の食生活と適度な運動という「生活習慣」で健康を築くことが重要だと主張しました。肉の摂取をできるだけ控え、全粒穀物と根菜を中心にした暮らしは、健康をもたらすだけはなく、経済的であり、暮らしの質に結びつくと説きました。当時、社会で権力を持っていたブルジョワ層で、肉、コーヒー、タバコ、アルコールの過剰消費が蔓延していたため、この提唱は大きな物議を引き起こしました。

第一次世界大戦中、政府の食糧顧問を務めたヒンヒーデは、戦時中の食糧封鎖による配給措置に大きな影響を及ぼしました。全粒穀物と根菜中心の食事を推奨するだけではなく、家畜の代わりに穀物や根菜を確保すると効率的に食糧が供給できると主張。乳牛と豚を3分の1まで減らし、穀物と根菜の農耕地を確保する措置がとられました。動物性食品からのたんぱく質摂取を優先していたドイツでは1918年に飢餓が蔓延しましたが、デンマークでは、飢餓から免れるだけではなく、国民の健康状態は改善し、ヨーロッパ諸国でも最も低い死亡率が記録されました。

Mikkel Hindhede（1862〜1945）
医師ミッケル・ヒンヒーデ

デンマークの家庭で最も定番のスモーブロ、3種類。
左から、にしんのマリネ、卵とトマト、レバーパテとビーツの甘酢漬け

ロブロは½枚が一単位

デンマークで健康と栄養に特化した高等教育を受け始めた年、講義までに予習しておく文献が多く、専門用語だらけの講義が地元の人と同じ速さで理解できず、聴講に苦戦しました。そんな中、栄養計算や献立作成は、規則に従えばよいし、グループ作業が多かったので、比較的、安心して取り組める授業でした。しかし献立作成には食文化をきちんと理解する必要があり、ロブロでの献立作成は特に難しいと思いました。私のグループには、社員食堂で献立を作成していた経験者がいて、彼女がすいすいと献立を作っていくのを横で見ながら、ロブロの前についている2/2、3/2、4/2という数字に首をかしげていました。2/2はどうして1と書かないのだろう、4/2は2と同じことではないのか…と質問すると、爆笑されてしまいました。

そして、分母の部分がロブロ½枚を指すことを教えてもらいました。2/2は、ロブロ½枚が2枚、3/2はロブロ½枚が3枚、4/2はロブロ½枚が4枚という意味だったのです。病院や給食事業をはじめとする大量調理の現場では、ロブロ½枚で献立を組み立てることに気づいていませんでした。献立の指導書にも、当然のことだからか、特に説明がなかったのです。また、小麦パンは½枚で数えず、一枚が一単位ということも面白いと思いました。朝はロブロをメインに提供することは少なく、小麦パンやオートミールなどを補う形で提供するため、ロブロ½枚だと量が調節しやすいこと、お昼と夕方では、ロブロをスモーブロに使うので、必要な栄養摂取量に応じて、ロブロ½枚を必要数ほど用意し、それぞれに異なる具を合わせると栄養バランスがとりやすい、ということもその時に教わりました。

よく噛む
～シュタイナー幼稚園で学んだこと～

シュタイナー幼稚園で菜食の献立作りに携わっていた頃、給食スタッフが出勤できないときなど、実際の調理を担当しました。私が勤めていた園では、給食スタッフも、お昼の時間には、子どもたちと一緒に席について食事を共にしていました。静かに食べるよう言われているわけではないのに、子どもたちが揃って静かに食事をしていることに、毎回、感動していました。そして、よく噛んで食べているから静かなのだということに気づいたのです。心に残る光景で、その静寂のひとときが楽しみでした。

ロブロ献立は、週に一度、同じ曜日に用意しており、子どもたちが大好きな日でしたが、この日は特に静かでした。ロブロはよく噛むと甘くなると言われていますが、子どもたちはそれをよく知っていて、よく噛むことを楽しんでいたのです。

よく噛むことのメリットは、消化促進、虫歯予防、肥満予防、あごの発達、脳の活性化などが挙げられますが、味覚の発達も大切ではないかと思います。味に深みがあり、噛み応えのあるロブロは、噛む回数を増やすことに役立つ食材と言えるでしょう。実際、デンマークでは歯固めにもロブロを使う伝統がありました。

幼児期は、食習慣の基礎ができる大切な時期です。しっかりと噛む習慣を育む方法としてロブロを利用する形も一案かもしれません。デンマーク保健庁による乳幼児の食に関する指導要項では、生後8ヶ月から、ライ麦全粒粉だけで作られたロブロのクラムを小さな角切りにして与えてよいと記述されています。生後一年からは、特に制限はありません。よく噛むことを小さな頃からの習慣にしたいものですね。

オーガニックの位置付け

デンマークは、1987年に世界初のオーガニック食品生産に関する法律を制定し、公式オーガニック認証を表示する「Øラベル」が導入されました。デンマークでのオーガニック推進活動は、政府だけではなく、農業・食品生産者、小売業、消費者、研究機関、自然保護団体、関連組織など、オーガニック商品の供給と需要に関わるすべての関係者による協働が特徴となっています。2022年のオーガニック商品の小売市場占有率は12%と世界一、2030年に、農耕地、消費量ともにオーガニック占有率が30%に到達することを目指しています。デンマークのオーガニック推進活動は、国連の「持続可能な開発目標（SDGs）」に連動して行われており、オーガニックは、地球にやさしい環境づくりに欠かせない要素と位置付けています。

オーガニック食品のメリット

デンマーク・オーガニック全国連盟では、オーガニック食品のメ

有機野菜の露店販売風景。実りの秋を迎え、地野菜も豊富に揃っている

リットを次のように紹介しています。

①化学合成農薬が残留していない ②動物福祉に貢献する ③豊かな自然と地下水を守る ④合成色素、合成香料、合成保存剤、人工甘味料などの食品添加物を避ける ⑤環境保護に貢献する

美食と地産地消

２００４年に発表された「新しい北欧料理のためのマニフェスト」を基に作成されたプログラム「新しい北欧の食」は、多くの人々の協働と対話で生まれました。美食の見地だけではなく、健康促進、文化継承、そして、地球の多様性と持続可能性への働きかけを謳い、社会にとってよりよい形を提唱する考え方は、地元で生産された旬の食材に対する認識が新たになり、オーガニック食材が持続可能性に通じる手段だという認識も深くなったのです。

ロブロについても、クオリティの高い新鮮なオーガニック・ライ麦全粒粉を使い、本来のライサワー種で発酵させる手法が見直されるようになりました。マイクロベーカリーを中心に、こだわりのロブロを焼く店が出現し、熟練ベーカーによる家庭向けのパン教室でも、ロブロが仲間入りするようになりました。

サステナブルとロブロ

サステナブルの見地で捉えると、ロブロはライ麦全粒粉を使うので、廃棄がありません。製パン用の小麦は、75%の歩留まりです。健康を支える食物繊維やビタミン、ミネラルの大半が、精製することで廃棄される25%に含まれていることを考えると、フードロスの点だけではなく、栄養的見地からも残念な話です。

また、ライサワー種でライ麦全粒粉の生地を発酵させるロブロは劣化が遅く、何日もおいしく食べることができます。パンとしてだけではなく、ロブロ独特の旨味を活かした展開ができることも、フードロスの削減に役立ちます。

生産側の立場を考えると、寒冷地でも痩せた土地でも肥料をたくさん使わずに栽培することができるライ麦は、将来性がある麦と評価し直されています。

政府認証のオーガニック・ラベル。デンマーク語でのオーガニック「ØKOLOGI」の頭文字Øがデザインされ、認知度98%と、国民から厚く支持されています

ロブロ・黄えんどう豆のペースト（フムス）・地野菜のケール、産みたての卵。素材を活かしたシンプルな料理が多い

サステナブルの実践
～IL BUCOの試み～

私が暮らしている地区には、前衛的なサステナブル・レストランがあります。その名は、イル・ブッコ（IL BUCO）、「責任ある」レストランと自称しています。妥協のないクオリティを持つ食材を使い、すべてが丁寧な仕込みによる自家製という姿勢は、創業時からの方針。ベーカリーを持っているのも、お店で提供するパンへのこだわりから。２０１１年の設立当初は、経営者であるクリスタ・ブレドゴー（Christer Bredgaard）氏の故郷イタリアの雰囲気に包まれていました。しかし、サステナブルへの傾倒は年々徹底し、現在、デンマーク産食材の占有率は99％。樺太の最北端よりも北に位置する小さな国の美食レストランで、この数字を達成することは至難の技、高い理想なくしては不可能です。

畑で採れるのはケールのみという冬半期に備えた仕込みも、半年以上の食材を古来の方法で保存するため大掛かりです。近くで獲れた鹿が手に入れば、もちろん丸ごと使います。肉も魚も頭も骨も余すことなく利用します。オーガニック素材にこだわっているにもかかわらず、あえて表示しないのは、それに縛られないため。オーガニックは通過点でサステナブルが目標だということを感じます。食品ロス対策にも力を入れており、コーヒー豆のカスは、エレガントなデザートの飾りに変貌し、サワードゥブレッドが売れ残ると、地元のクラフトビール会社に運ばれます。そして、自家製ロブロは麹となり、ロブロ麹から塩麹を作ります。魚醤の製法を用いて、パスタ生地の製造で余る卵白と麹を合わせた調味料もアップサイクル。厨房でなくてはならない調味料として使われています。

7:30から焼きたてのパンやクロワッサンが楽しめる。
厨房は、9:30からオープン。24:00まで営業。
朝から深夜まで、さまざまなシーンで楽しめる

売れ残りのロブロは、ばらばらに崩して蒸し、種麹で発酵させる

IL BUCOのロブロ。素材はすべてデンマーク産

完成したロブロ麹。厨房では、ロブロ麹で作る塩麹を重宝している

魚醤の製法を用いて、パスタ生地の製造で余る卵白とロブロ麹を合わせた調味料

第三章
ロブロのある暮らし

この章では、デンマークでの日々の暮らしの中で、ロブロがどのように使われているのかをご案内します。デンマークで１０００年に渡って暮らしの糧となってきたロブロは、今も健在で、毎日、さまざまな時間帯にひょこひょこと顔を出し、お祝いの席にも登場します。これまでに幅広い使い方が生まれていますが、時間帯による定番化や不文律も存在します。ここでは一日を食事のリズムで分割し、それぞれの時間帯によるロブロの使い方を例にあげて「ロブロのある暮らし」の多様性をご紹介します。

ロブロの時間割

7：00

10：00

12：00

15：00

18：00

ロブロが暮らしの一部となっているデンマークでは、ロブロの食べ方が定番化しています。
このページでは、一日という軸で、デンマークでのロブロの食べ方が俯瞰できるように試みました。
基本的には、一日5～6回の食事時があり、それぞれの時間帯でロブロの食べ方にいくつかのパターンがあるのです。ロブロは一日に1～2回、どこかで登場する食材なのです。

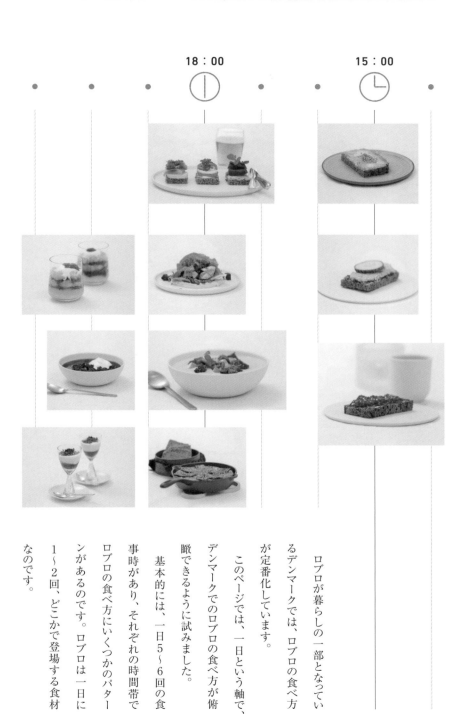

ロブロで一日をスタートする

ロブロ甘そぼろ・ヘーゼルナッツ・ルバーブのコンポート・発酵乳

デンマークで最も頻繁な朝ごはんは、オートミールとミルクです。小さな子どもがいる家庭は別ですが、オートミールをボウルに入れ、そこにミルクを注ぐという1分かからない朝食が平日の定番。そこに、くだものを1個足せば大丈夫、という考え方が一般的です。

この1分かからない朝食に対抗できるのが、ロブロに何かをのせる方法。ロブロ甘そぼろ（171頁参照）やロブロのグラノラ（149頁参照）を作っておけば、ヨーグルトなどの発酵乳と合わせた朝ごはんが手早く用意できます。ロブロは腹持ちがよいので、お昼が遠のくと先が読める日などにも重宝します。

ロブロをトーストして、半熟卵や野菜と一緒に食べるのは、朝に余裕がある時のお楽しみ。うちの息子は、キャベツの巣ごもり卵をグリーンペーストを塗ったロブロにのせるのが一番好きだと言います。小さな子どもがいる家庭や、週末などの朝ごはんには、ロブロ粥（177頁参照）も人気です。ロブロを朝食にする最大のメリットは、よく噛むことで一日の消化に必要な唾液を朝からしっかり供給できることだと思います。バランスのとれた献立が手軽に準備できること、コンパクトで腹持ちがよいことも特徴です。

黒キャベツの巣ごもり卵・ロブロトースト

ロブロ・チーズ・りんご（手早い朝ごはん）

ロブロ粥・ホイップクリーム・ヘーゼルナッツ・りんごのコンポート（週末の朝ごはん）

発酵乳・りんごの塩煮ピュレ・ロブロ甘クランチ

ロブロ・ジャム・発酵乳・チーズ・バター・半熟卵
卵は上の部分をむいて、スプーンですくいだしながら食べます（週末の朝ごはん）

ロブロ・グリーンペースト・フムス・紫玉ねぎの甘酢マリネ・スナックの野菜

ロブロでお昼ごはん

にしんのマリネとゆでじゃがのスモーブロ
不飽和脂肪酸が豊富に含まれているため、お昼のスモーブロに必ず食べる、という話もよく聞く

デンマークのお弁当はロブロが定番です。幼児保育施設や企業・組織では、食堂でのランチ・サービスが浸透しています。義務教育ではロブロを使ったお弁当が主流ですが、給食のある学校もあります。高校や大学では食堂利用派が優勢ですが、お弁当派も存在します。ランチの時間は30分くらい、仲間や同僚と和気藹々《あいあい》と食事をしながら気分転換をし、時間が来たら、午後の授業や仕事にさっと切り替えるスタイルが一般的です。

食堂では温かい食事がメインですが、自宅でのお昼は、ロブロと一緒に、『ポレ』と呼ばれるメインの具材、ハーブ、野菜などを食卓に並べ、それぞれの皿の上でスモーブロに仕立てて食べるスタイルが定番。火を使わないスピード調理が基本です。

昔は、温かい料理を昼に家に戻って食べ、夕食に昼の残り物をロブロと一緒に食べる慣習がありましたが、産業化された社会になると、お昼に家に帰る時間がとれない環境が生まれました。そして、ロブロをお弁当として持参し、温かい食事を夕食に楽しむスタイルが定着しました。しかし、食堂でのお昼に温かい料理が出ることが多い現在、スモーブロは再び家庭でよく使われる夕食献立になっています。

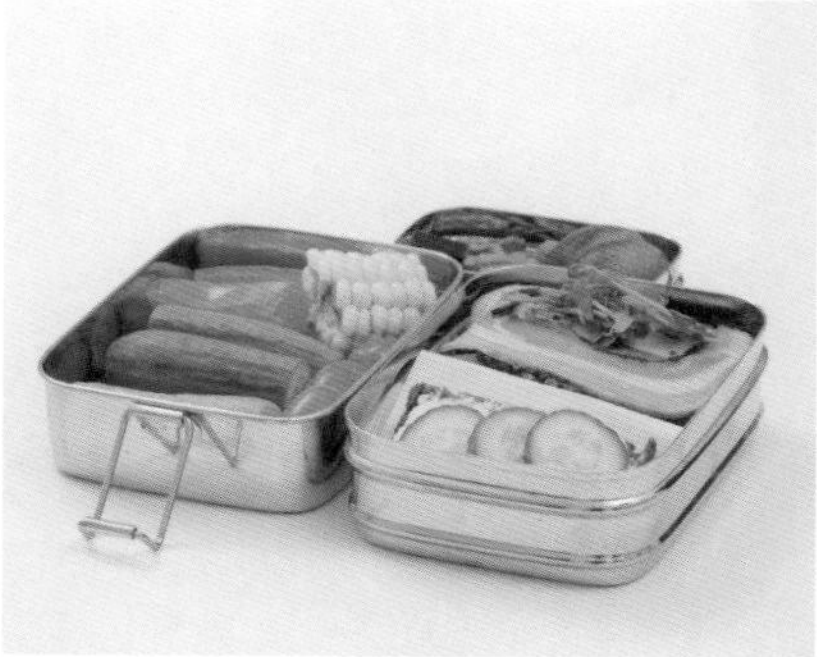

学校へのお弁当例。一段目・ロブロ½枚を4枚に4種類の『ポレ』、二段目・ぽりぽり野菜。奥・ナッツやフルーツ。一度に食べるのではなく、お腹が空いたら、少しずつ食べることが多い

スモーブロ・ランチ。（ロブロ・グリーンペースト・フリカデラ・キャベツの甘酢漬け）

高校生の息子のお弁当。菜食を好む息子には、ロブロの間に豆ペースト・グリーンペースト・野菜の甘酢漬け・季節の野菜・レタスをはさんだサンドが定番。ロブロでないと腹持ちがしないらしい

職人さんのスモーブロ・ランチ

カフェで人気のロブロのオープンサンド。スモーブロのようにナイフとフォークで食べる

ロブロ・サンドとスナック野菜
息子の小学生時代のお弁当

小腹が空いたらロブロ

夫の定番おやつ「ジャムごはん」ロブロ・(バター)・ジャム
我が家のジャムは、果物の重量の25%の砂糖とレモン果汁で作っている
ラズベリーや黒すぐり(カシス)が好み

デンマークでは、ロブロに何か簡単にのせたタイプのスモーブロを「〇〇ごはん」と呼びます。「ごはん」の概念がロブロというのが面白いですね。はちみつごはん、レパーパテごはん、トマトごはんといった形で、のせるものと同じ数だけその名前が存在します。

お腹が空くと、ロブロに何かをのせて食べるというスタイルは、共働きの家庭が大半のデンマークで、先に帰宅した子どもが自分で用意する腹ぺこ解決策。キッチンに市販のスライス済みロブロが常備されているのは、多くの家庭での光景です。

「はちみつごはん」は、小さな子どもから大人まで、みんなが大好きなおやつ。ロブロとはちみつが醸し出す甘味と酸味のバランスは絶品です。「バナナごはん」「りんごごはん」もおやつの定番。

夫は、ロブロとベリーのジャムを午後のコーヒーの友にしています。ケーキを食べるほど血糖値が急上昇しないので気に入っているのだとか。ロブロと酸っぱめのジャムがコーヒーに合うそうです。

我が家の腹ぺこ君は、フムスとグリーンペーストにビーツのマリネや焼き野菜をのせた、がっつり系を喜びます。ロブロのおやつは自由自在です。

ぱりぱりロブロ・豆のペースト（フムス）・スナック野菜

はちみつごはん。トッピングに、ビーポーレン

「アマーごはん」は、小麦パンとロブロのバター・サンド
オランダ移民が農作物を耕していた地域の名前を冠した伝統サンド

「バナナごはん」は、おやつの定番
ロブロ・バター・バナナ・ダークチョコレート

チョコレートプレートをのせたロブロ。りんご・アーモンド

ロブロ・グリーンペースト・フムス・きゅうり

夕ごはんの献立にも、ロブロ

レバーパテのスモーブロとトマトとゆで卵のスモーブロは、デンマークの家庭で最も登場回数の多いスモーブロ。娘のように可愛がってくれたアクセルおじさんは毎木曜日が調理担当の日で、彼の手料理は、決まってスモーブロ3種類だった

デンマークの家庭では、家族揃った夕食を大切にします。フルタイムでの共働きが当然の社会ですが、お父さんもお母さんも揃って18時あたりに食卓を囲みます。18時に夕食を食べると、10歳くらいになるまでの20時までに就寝するサイクルにも合いますし、夜に開催される習い事や保護者会、慈善活動などの打ち合わせにも間に合います。

デンマークの平日の夕食は30分以内での用意が一般的ですが、子どもを迎えに行って帰宅すると17時あたり、一息ついて、30分で調理をし、30〜40分くらいで夕食を食べ、着替えて次の活動に出る、そんなリズムを持つ家庭が多く存在します。夕食のテーブルは家族が集まる安らぎの場でもあり、その後の活動を支えるエネルギー供給の場でもあるのです。夕食は家族が揃う唯一の時間だから、家族一人一人の話に耳を傾ける団欒《だんらん》に優先順位を置く家庭が多いようです。

忙しい平日、ロブロを使ったスモーブロは、滋養に富み、手軽に用意できる心強い味方。デンマークの家庭で最も頻繁に登場する献立がスモーブロというのも頷けます。ロブロを常備しておくと、温かい料理のお供や、クルトンとしてポタージュやサラダにも使えます。

りんごを使った伝統料理「りんご豚」。カリカリに焼いた豚の三枚肉を、色よく炒めた玉ねぎとりんごで和える。ロブロと一緒に食べるのがお約束

ロブロと一緒に食べる「豆のスープ」は、デンマークの特産である黄いんげん豆を根菜と一緒に煮たスープ

スモーブロはお昼を中心にテイクアウトができるが、近年、夕食にもテイクアウトできる店がお目見えしている。クオリティの高いスモーブロが入手できる

家で飼っている鶏が卵を産む夏半期に楽しむ料理だったオープンオムレツ。ロブロを添えたり、ロブロにのせたりして食べる

かぼちゃのローストとピュレ、レタス、レモンでマリネしたケール、ロブロのクルトン

デンマークのハンバーグ「フリカデラ」に冬キャベツのミルク煮を添えた伝統的な組み合わせ。じゃがいもが普及する前は、ロブロを合わせていた

スイーツだってロブロ

映画『バベットの晩餐会』にも登場したロブロ粥。スイーツ仕立てには、はちみつを多めに加える。ホイップクリームを添えるのが定番だが、季節の果物をコンポートや酸味の強いジャムにしてを添えるとエレガント。

ロブロは食事として食べるばかりではなく、スイーツにも使えます。ロブロ独特の香りや味が、スイーツに個性を与えます。果物のデザートスープには、砂糖がけにしたロブロ甘クルトンを使いますが、スイーツの材料には、概してそぼろ状にしたロブロを使います。そぼろ状のロブロを炒ったり、ケーキの生地に入れたりする手法は、代々受け継がれてきました。ロブロはパン切り包丁でも切れないくらい固くなるので、その手前でそぼろにして炒っておくと、さらに数週間、おいしくロブロを楽しむことができます。

ロブロそぼろとジャムを発酵乳にのせて食べるスタイルは、デンマーク語を習うために通ったフォルケ・ホイスコーレで覚えた思い出の味です。季節に応じてジャムを変えると通年で楽しめます。

りんご煮のピュレをロブロそぼろと重ねたデザートは、りんごがおいしい秋の定番スイーツ。りんごの素朴な甘さにロブロのコクが味に深みを与えます。ロブロのクランチ加減をアクセントにしたスイーツも食感と味に幅が出せます。健康志向にも合ったスイーツがメインなので、量が少なめだったかなという夕食の補食にも安心して使えますね。

「麦の家」のロブロ・ケーキ（P.176参照）

アイスクリーム・すもものオーブン焼き・ロブロのグラノラ（P.149参照）。クランチ感を出したい時に便利

ロブロ甘クランチ（P.171参照）
丸すぐり（グースベリー）のコンポート・ヨーグルトクリーム風味を加えている

エルダーベリーの温かいデザートスープ
ロブロ甘クルトンをトッピング（P.170参照）

「ベールをかぶった農家の娘さん」（P.170参照）

りんごのクランブル風（P.171参照）

お祝いもロブロ

「クリスマス・ランチ」は、4 〜 6 時間をかけて、集まった人々とのひとときを楽しむ
8〜10品前後をスモーブロベースで味わう形の正餐
クリスマスや12月の行事として楽しみにしている人は多い

ロブロは日常的なイメージが強いのですが、お祝いの席にも登場します。デンマークのクリスマス・イブは、豚か鴨のローストにグレービーソース、ゆでじゃがいも、キャラメルポテト、紫キャベツの甘酢煮、赤すぐり（グロゼイユ）のジュレを飾ったりんごのコンポートという組み合わせが主菜の定番ですが、クリスマスの祝日、12月25日もしくは26日に13時くらいから「クリスマス・ランチ」と呼ばれる午餐を催す慣習があります。

お昼に食べる食事のように思えますが、お昼過ぎから夜になるまでの4〜6時間、8〜10品前後をスモーブロベースで味わいながら、集まった人々とゆっくりと会話を楽しむ会を指します（１３６頁参照）。常温で出す料理・温かい料理・デザートで構成するのが基本です。デンマークのクリスマスは、日本のお正月と似ていて、家族・親族と過ごす人が大半。クリスマスの祝日25日、26日には親しい友人が同席することもあります。ロブロは「クリスマス・ランチ」の主役ではないけれど、ロブロなくしては「クリスマス・ランチ」が成立しない大切な存在です。

ロブロをお祝いに使う慣習は、ドイツと地続きになっているユトラ

ロブロのお祝いケーキには、ロブロが醸し出すコクや旨味がある

ンド半島南部に伝わる伝統菓子にも見られます。標準語ではrugbrødslagkage（ロブロのお祝いケーキ）という名前ですが、地元では、ドイツ語でBrottorte（パンのケーキ）と呼ばれており、1864年から1920年までの間、ドイツの一部になっていた南ユトランド地方の歴史を感じます。

そぼろ状にしたロブロとヘーゼルナッツを粉代わりに使うスポンジケーキに、酸味の効いた黒すぐり（カシス）のジャムと柔らかく泡立てた生クリームで飾るだけのシンプルなケーキですが、その味わいの深さには、驚きにも似た感動を覚えます。

夫は南ユトランド地方の出身で、誕生日にはこのケーキで祝うのが慣習だったとか。夫の母が家族の誕生日に焼いていた思い出のケーキは、息子と私が夫の誕生日に繰り返し焼くケーキとなっています。

昔、ロブロを焼くことが大変な作業だった時代には、ロブロは暮らしの糧であり、ロブロをお菓子に使う余裕がある家は決して多くありませんでした。ロブロが余っているからお菓子にするのではなく、ロブロをお菓子に回すだけの経済的な余裕を持ち合わせる必要があったそうです。

そとロブロ

ロブロは、ベーカリーの定番アイテム。どんなに小さなベーカリーでもロブロが買えます。ベーカリーのロブロは一本単位で買いますが、½本で売ってくれるところもあります。ロブロのサンドイッチを置いているお店もあります。お昼前になるとショーケースに並べるお店もありますし、注文した時点で作ってくれるところもあります。ベーカリー以外では、スーパーやコンビニ、ガソリンスタンドに併設されている売店などでロブロが買えます。ガソリンスタンドでは、スモーブロ3種類のセットを置いているところもあります。

ベーカリー

どのベーカリーでも
ロブロは定番

大きな街には「スモーブロ屋」が存在し、田舎では肉屋が兼業しています。スモーブロ屋は、朝から14時までが一般的な営業時間。テイクアウトがメインです。シンプルなスモーブロと豪華なスモーブロを豊富な種類で扱っています。常温で提供するスモーブロが主流。デリ系は、コンセプト性の高い店づくりと商品展開を特徴とし、19時近くまで営業しているため、夕食の選択肢としても使えます。焼きたてのフリカデラなど、温かい一品とロブロを楽しめるところも。たいていイートインが併設されています。

スモーブロ屋・デリ

どんなスモーブロか、注文前
に確認できるのが嬉しい

ロブロはカフェでも日常的に楽しめます。スモーブロ・レストランよりもずっと気楽で、時間的にも40分ほど見込めば、まず大丈夫。少し前までは、スモーブロ以外のロブロは、家で食べるものという感覚がありましたが、最近のカフェ文化では、ロブロがモーニングに入っていたり、ランチのサラダに添えられていたり、という選択肢を見かけます。そして、スモーブロを一品注文するだけでボリュームのある食事として完結するタイプが多いこともカフェ・ロブロの特徴です。友だちとのおしゃべりや、打ち合わせ、買い物の途中での休憩など、ちょっとしたひとときにもロブロが楽しめます。

カフェ

一品で満足のいくボリューム

スモーブロ・レストランは、スモーブロに特化したレストランです。「にしん」「魚介類」「肉類」「野菜」「チーズ」のカテゴリーでのメニュー構成が一般的。メニューを10種類くらいに絞ったところもあれば、50種類くらいのバリエーションがあるところも。

基本は、アラカルトで好みに合わせて何品か組み合わせて注文しますが、スモーブロでのコースを提供しているところもあります。

営業時間は11時から15時くらいまで。夜の営業を行なっているところもありますが、スモーブロはお昼の提供が一般的です。食事や会話を楽しむために2時間前後を見ておく必要があります。

スモーブロ・レストラン

美しいスモーブロでゆっくりしたひとときを楽しむ贅沢

Photo: © Tivoli

ロブロにちなむ道具と食材

ロブロ・カッター

ロブロを均一な厚さに切るための鋳鉄の重たいカッター。現在、販売中止のため、中古品しか買うことができない。レトロなデザインが魅力

デンマークで日々の食事に使われているロブロ。
ロブロの大きさに合わせた道具や食品が存在します。

塩漬け巻き豚

豚の三枚肉にハーブを巻き込み、豆腐のように四角い木枠に入れ込んでプレスをかけて作る塩漬け巻き豚。スライスすると、ロブロにぴったりの大きさになる

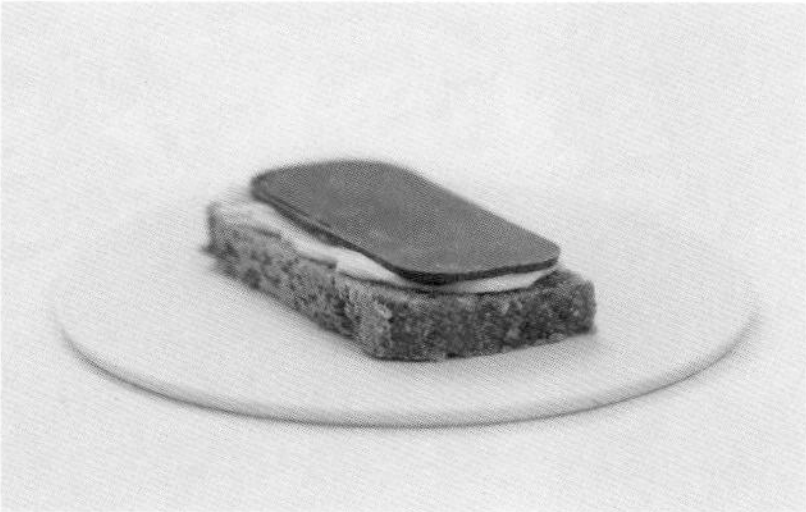

スライス済みチーズ

デンマークのチーズは、ロブロの大きさに合わせて売られていることが多い。スライス済みのチーズもロブロと同じ大きさに揃えてある

チョコレートプレート

デンマークで週末の朝ごはんの登場することが多いロブロ½枚の大きさで商品化されている

チーズスライサー

デンマークで標準的なチーズはナイフでは切りにくい硬さ。そのため、細い針金でスライスするスライサーが生まれた。スモーブロに使える厚さに切ることができる

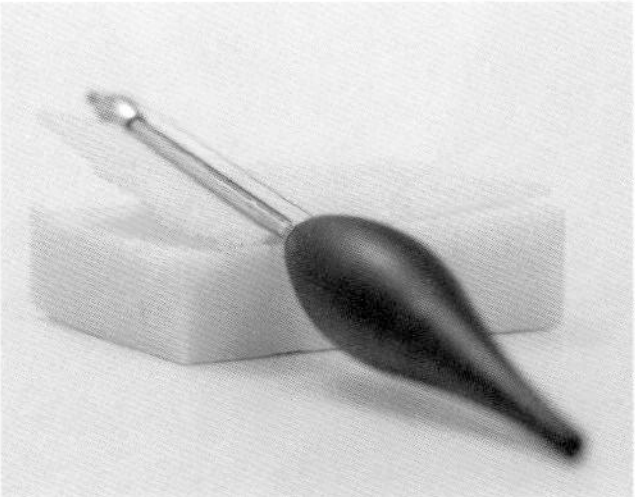

鱈の子缶詰

味付けされたゆで鱈の子は、ロブロの上にのせて食べる。鱈の子の缶詰も、ロブロ½枚の大きさと同じサイズ

エッグスライサー

ゆで卵を手早く均一にスライスできる便利ツール

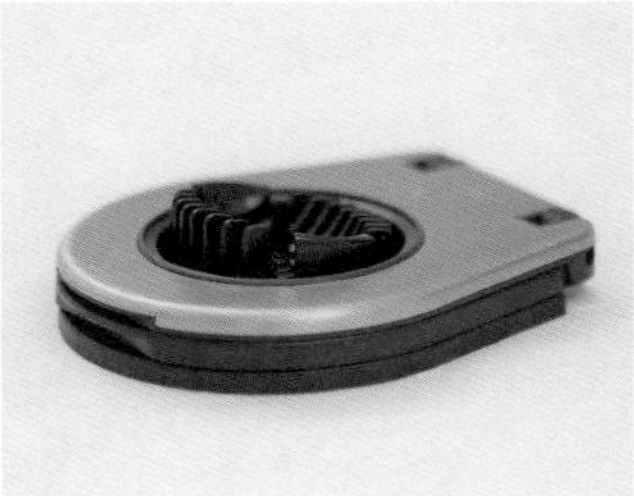

第四章
ロブロのおいしさ

この章では、時系列によるロブロのおいしさをご案内します。

ロブロは、ライ麦全粒粉とライサワー種に塩と水が基本のシンプルなパンですが、ライサワー種による発酵過程で独特の旨味が加わります。焼き上がってから徐々に味がなじんでいき、数日経った頃、まろやかなおいしさを感じます。ここでは、時系列によるロブロの変化と、その変化に適したおいしい食べ方をご紹介します。

ロブロのおいしさと楽しみ方

ロブロの醍醐味《だいごみ》は、日が経ってもおいしく食べることができること、そして、その時その時のおいしさがあるので食べ飽きないことだと思います。焼きたては香りが素晴らしいし、翌日以降は味がなじんでおいしい。さらに数日経つと熟成したおいしさが加わります。ライ麦全粒粉の割合が高ければ高いほど、この特徴が顕著です。ここでは、ロブロのおいしさと楽しみ方を時系列で俯瞰します。

初日

ロブロ・バター

ロブロはキッチンクロスに包んで保存

2日目

ロブロ・チーズ

ロブロ・オープンオムレツ

ロブロ・はちみつ・白ごま

ロブロ・豆と野菜のスープ

3日目

ロブロ・サンド

にしんとじゃがいものスモーブロ

レバーパテのスモーブロ

魚のフリカデラのスモーブロ

4日目

ロブロ・ホットサンド

カフェ版ロブロ・サンド

日が経ってきたら

ロブロ甘そぼろ・発酵乳

菊芋とりんごのポタージュ

りんごのクランブル風

ロブロのお祝いケーキ

焼きたてのロブロ。できれば翌日に切り始めたい

初日

焼きたての香りを楽しむ

ロブロを自分で焼く醍醐味《だいごみ》は、オーブンから漂ってくるロブロの香りに始まります。焼きたてのロブロの香りには、ライ麦の旨味成分がアロマとして抽出されているように感じます。ライ麦独特の奥の深い重厚な香りと、穀物らしいふくよかさと甘さを感じる香りが重なり合い、それは、まるで素晴らしい協奏曲の一節のようです。

ロブロは、ライ麦の比率が多いほど、生地が落ち着くまでに時間を要します。粗熱がとれた段階では、思うような厚みに切ることは難しく、パン切り包丁に生地がベトっとつくことも。焼き上がりの中心温度が98℃に達している場合、この状態は生焼けではなく、クラムがまだ安定していないのです。

翌日からのロブロの質感を大切にしたい場合は、この段階でカットしないことをお勧めしています。でも、焼きたてロブロは、その芳しい香りに惹かれて、ついつい切りたくなってしまいますし、その時にしか味わえない独特の旨味があります。どちらをとるかは、みなさんのご判断にお任せしたいと思います。

焼きたてロブロは、そのまま、もしくは、発酵バターだけで楽しむなど、ごくシンプルに生地の旨味を味わうのがお勧めです。

離乳食にもロブロを使う

ロブロとフレッシュバター

デンマークでは、発酵バターが一般的で、精製されていない海塩を使ったものもあります。有塩発酵バターが定番です。オーガニック・バターは、スーパーで必ず手に入る商品です。

子どもの離乳食にも、噛む力が備わってくる8ヶ月くらいからは、バターを塗った角切りロブロが推奨されています。最初は、シードや粗挽き麦が入っていない、細挽きのライ麦全粒粉で作られたロブロのクラムの部分だけを使います。そして、徐々にパンの大きさやパンにのせるものにバリエーションを持たせ、食べること、そして、食べることの楽しさを学んでいきます。ロブロにバターを塗り、1.5㎝角くらいに切ったものは、手軽で安心、そして、滋養のある離乳食として重宝されています。デンマークの子どもは、バターがたっぷり塗られたロブロが大好きです。小さな指で一生懸命つまもうとしている姿は、とても愛らしい。

シュタイナー幼稚園のキッチンで食事を用意していた頃、気持ちに波が立ち、他の子どもと一緒に過ごせなくなった子どもはキッチンに派遣されました。そんな子どもには、バターを塗ったロブロで迎えていました。ゆっくりバターつきのロブロを食べていると、気持ちが収まる子どもが多かったためです。

2日目

バージン・スライスを楽しむ

2日目は、ロブロの旨味や酸味、甘味とともにフレッシュ感が味わえる

ロブロは、焼き上がって一晩経つと、パン切り包丁でそれなりに切れるようになります。けれど、ミリメートル単位での微調節は難しい。ライ麦の配合が多いほど、生地はパン切り包丁に少し残ります。

2日目のロブロは旨味や酸味、甘味が味わえますが、同時にフレッシュ感も楽しめます。シンプルなスモーブロや、温かい食事に添えるなど、ロブロそのものを味わえる方法がお勧めです。

昔、ロブロに刃を入れる時、端を切り離した後の最初のスライスを「バージン・スライス」と呼んでいたそうです。自分で焼いたロブロの切り始めは、高揚感もあるので、特においしく感じます。焼き上がった翌日でも香りが残っていて、スライス時にはロブロ独特の香りが楽しめます。

ベーカリーのロブロは、一本そのまま、もしくは、½本を買うことができます。デンマークで暮らし始めた頃、「パンを½本ください。」と注文できることが新鮮でした。ハムなどにも言えることですが、スライスされているものよりも、必要な時にスライスする方がずっとおいしい。ロブロもスライスされていない状態で買い、食べる時に好みの厚さに切る、それだけでおいしさが違います。ぜひお試しください。

スープとロブロ

一週間に一度、スープが献立になる家庭は多い。ロブロのクオリティが仕上がりを左右する

オープンオムレツにロブロ

伝統的な料理にはロブロを添えるものが多い

ロブロの厚み

ロブロのスライスの厚さには好みがあります。自家製ロブロやベーカリーで買うロブロは、その時の食べ方に適した厚さや好みの厚さに切ることができます。市販のスライス済みロブロの厚さは1cmが定番ですが、我が家での普段の食事には、1cmより少し厚く切っています。カフェでのこだわり自家製ロブロの場合も、厚めに切る傾向があるようです。

40頁でご紹介しているハンセン先生の家庭では、2cm厚にスライスしたロブロ2枚のトーストが夫・ジョンさんの朝ごはん。トースターにぎりぎり入る厚さに切ると2cmなのだそうです。もうすぐ17歳の息子も、がっつり食べたい時は、厚めに切ったロブロが「最も効果的」なのだそう。ハンセン先生のお昼はロブロ½枚が3枚ですが、私には、少し厚めに切った1枚分がちょうどよいようです。切り方にも癖があるようで、最初のスライスは少し厚めに、日が経つにつれて、わずかですが、薄めにスライスしていることに気づきました。

おいしい厚さは、使い途によっても異なるように思います。スモーブロ・コースの時には、たくさんのお品を用意しますし、ロブロ・サンドの時には、2枚を合わせるので、少し薄めに切っています。いろいろな気持ちを込めて厚さの調節ができるのは、幸せなことですね。

3日目は、熟成したおいしさとともに、美しいスライスが楽しめる

3日目

熟成したおいしさを楽しむ

3日目になると、ミリメートル単位でのスライスが可能になります。パン切り包丁にもあまり生地がつかなくなります。ロブロ独特の深い味わいが楽しめるのも、この日から。

スモーブロでお客様をお招きする時には、この日のロブロがお出しできるように仕込んでいます。お客さまを迎えたお祝いスモーブロ（136頁参照）では10種類前後の種類を用意することが多く、いろいろな味をロブロと楽しんでいただけるように少し薄めにスライスしたいため、そして、この日まで待つと熟成した旨味が出てくるので、それを楽しんでいただきたいためです。

3日目のロブロは落ち着いた味になっています。縁の下の力持ち、というのでしょうか。しっかりと素材を受け止め、支えてくれる頼もしい存在です。また、味だけではなく、生地の骨格のようなものにも変化が出てきます。バターなどを塗っても、今までよりも少し違う形で生地になじみますし、上に何かをのせても調和がとれたスモーブロに仕上がりやすいように思います。ロブロ・サンドを作っても、具のおいしさが引き立ちます。この日のロブロを好みのスライスで一枚ずつ冷凍しておくのも一案です。

ロブロ・サンド。野菜をたくさん入れることができる

平日の夕ごはんの献立としても使いやすい

ロブロ・サンドと職員会議

ロブロ・サンドは、一部のベーカリーで商品化されていますが、どこのベーカリーでも常備されているわけではありません。私が初めてお目にかかったのは、近所のカフェ。スモーブロとは違うおいしさに目を見張りました。その頃、教育施設での菜食による給食導入の企画に携わっており、現場での調理も担当していました。8時間の勤務の後に続く職員会議は2時間近くに及び、スタッフの空腹状態や疲れが気になり、どうにかしたいと思っていた時でした。野菜たっぷりのサラダやスープは喜んでもらえるものの皿やカトラリーが会議の邪魔になり、シンプルなタイプのスモーブロだと手で食べることができるけれど、野菜がたっぷり取れないのが、当時の悩みでした。そんな時に出会ったロブロ・サンドは、仕事で疲れたスタッフが会議中でも食べることができ、帰宅後に夕食の準備をしなくてもよいもの、そして、野菜がたっぷりとれて、腹持ちのよいものだったのです。スタッフに好評だったロブロ・サンドは、その後、夫が学校での役員会議などに差し入れとして持って行くようになり、息子の下校時の汽車で食べるごはんとしても活躍、10年以上に渡り、毎日、用意する一品になりました。（ロブロ・サンドの作り方は152頁参照）

4日目

トーストで香りを楽しむ

トーストすると風味が戻る

4日目くらいからは、トースターで軽く焼くことをお勧めします。トーストすると、ライ麦の風味が戻り、心持ち、クラムがふっくらします。不思議なことに、この日のロブロを焼く方が、焼きたてロブロをトーストするよりも、ずっとおいしいのです。ロブロの熟成が進んでいるからでしょうか。

フライパンを使ってバターで表面をこんがり焼くバタートーストでは、溶けたバターの香りや旨味が加わります。熱々のトーストの温度が少し下がった頃に、薄く重ねた硬質系のチーズとラズベリーのジャムをのせて食べるのは、少しゆっくりできる朝の至福の時間。ホットサンドもボリュームのある軽食として重宝します。

ロブロのトーストにレタスや香味野菜、アボカドなどの野菜をたっぷりのせたプレートを定番メニューとして用意しているカフェも見かけます。見栄えがよく、食べ応えがあります。

トーストで、ロブロの複雑な香りや味が、まるで香辛料のように作用するのは、とても魅力的です。ロブロのおいしさが広がりますね。一枚ずつで冷凍しておいたロブロは、凍ったままでトーストすると数分後においしいロブロが楽しめますよ。

カフェ版ロブロ・サンド

ロブロ、グリーンペースト・アボカド・ミックスサラダ・紫玉ねぎの甘酢和え

ロブロのホット・トースト

ロブロ・オリーブオイル・マスタード・ハム・チーズ・黒キャベツ・ロースト・パプリカ

昔の知恵

農村にあった石窯でパンを焼いていた時代、パンが焼けるほど窯を焚きつけるのは大変な作業で、村単位の共同作業として行っていました。パンを焼くのは1ヶ月に一度くらいで、たいていは硬くなったパンを食べていたのです。共同窯とは別に石窯を持つ農家でパンを焼く日があると、村の住民はそれぞれの硬くなったロブロを持ち寄り、石窯の余熱で古いロブロを温める習慣があったそうです。水にドボンと漬けたロブロを、石窯で温めるとおいしくなるとも言われました。

「フュン島の農村」博物館に展示されている古民家

実際に使われていた石窯

硬くなる前にしておきたいこと

パサつきが目立ちはじめたら、長く保存できる形を選ぶ

ロブロのパサつきが目立つようになると、左ページの方法で手を加えておきましょう。ロブロが違った形で楽しめます。

基本的な手法は、角切りにするか、そぼろ状にするかの2種類。そして、甘く仕上げるか、塩味に仕上げるかを選びます。ロブロだけでもおいしいけれど、ナッツを加えてコクを出すこともできます。

この段階でローストしておくと、使いたい時にすぐ使えるので便利です。一度作っておくと、2週間は日持ちしますが、あっという間になくなること、請け合いです。油脂を加えてローストするとコクが出ます。ローストはフライパンでもオーブンでもできます。

そぼろやクルトンを生の状態で冷凍にしても便利です。生そぼろが冷凍庫に入っていれば、ロブロで作るケーキ（172、176頁参照）が、いつでも作れます。また、野菜スープを煮込む時、生クルトンを最後の5分くらいに加えて煮込むと、ボリュームとコクが加わります（178頁参照）。

ロブロは発酵や熟成により複雑な味を持っているので、パーツにしておくとロブロが調味料のような役割で使えます。

ロブロによる パーツの展開 1・2・3

ロブロ生クルトン

角切りにする

ロブロ塩ハーブクルトン
(P.157)

菊芋とりんごのポタージュ
(P.157)

ロブロ甘クルトン(P.171)

エルダーベリーの温かい
デザートスープ(P.170)

そぼろ状に砕く
ミルキー、ミキサー、包丁でも作れます
角切りにしてから砕いてください

ロブロ生そぼろ

ロブロのお祝いケーキ
(P.172)

ロブロ甘そぼろ(P.171)

ベールをかぶった農家の娘さん
(P.170)

ロブロ甘クランチ(P.171)

発酵乳とりんごの塩煮ピュレ
ロブロ甘クランチ(P.149)

ロブロ塩ハーブクランチ
(P.148)

ロブロ塩ハーブクランチ入り
季節のサラダ(P.148)

ロブロのグラノラ(P.149)

ロブロのグラノラ・発酵乳
(P.149)

ロブロ生そぼろは、
冷凍保存しておくと便利です

硬くなってもおいしく食べる

水に浸しておいたロブロは、さらに水を加えて粥に仕立てる

ロブロは、波型のパン切り包丁でも歯が立たない！という状態にまで固くなります。そうなってしまったら、蒸すか、水に浸しましょう。最後まで食べ切ることができます。蒸すと、柔らかさが戻ります。ナイフで切れる状態になったら、91頁を参考に、お好みの方法で加工しましょう。

もう一つは、水に浸して戻す方法。大きさにもよりますが、一晩浸けておいて加熱すると煮崩れますので、ロブロ粥やロブロ粥で作るクネッケに展開できます。（177頁参照）

昔、ロブロを食糧として確保することは、大変な重労働でした。農村では3〜6週間毎にロブロを焼くことが一般的だったため、ずいぶん硬い状態でロブロを食べる日が大半だったのです。大切なパンを捨てることはできないので、何とかしておいしく食べようという気持ちを、ロブロ粥に感じます。お粥のクネッケは、最近のレシピです。家庭にオーブンが完備してある現代的な環境で叶う贅沢なのかもしれません。ロブロ粥の食感が苦手だという人や、砂糖やはちみつを多めに使っておいしさを出すことに抵抗がある人は、ロブロの発酵した旨味をクネッケで味わうのも一案ですね。

ロブロ粥で作るクネッケ

薄焼きのパリパリがおいしい

ロブロ粥

果物のコンポート、ナッツ、ホイップクリーム

ロブロ粥

ロブロ粥は『バベットの晩餐会』というアカデミー外国映画賞受賞作品にも登場している一品です。硬いロブロを食べる手段として、ロブロの歴史と同じくらい長く使われてきたようです。

息子は、小さな頃からロブロ粥が大好物なのですが、この粥にずっと苦手意識があった私は、どのようにしたら一緒においしく食べることができるか苦心しました。

ロブロ粥をおいしく作る最大の秘訣は、クオリティの高いオーガニック・ライ麦で丁寧に仕込んだロブロを使うこと、できれば、ライ麦だけで作られたロブロを使うことです。また、柑橘系の皮やハーブの香りをのせ、おいしいはちみつを使うことで味に深みを与えると、一層おいしく仕上がります。一般的には、生クリームをかけて食べますが、果物のコンポートをたっぷり加えるとエレガントな一品になります。

デンマークを代表するスモールラグジュアリーホテル「ＮＩＭＢ（ニム）ホテル」では、すばらしい朝食が楽しめます。ここでは、ベリーのコンポートがたっぷりかかった、おいしいロブロ粥が注文できます。カルダモンの香りと高カカオチョコレートのコクが特別感を生み出しているロブロ粥です。ここには、月に一度、ロブロ粥を召し上がりにいらっしゃるマダムがいらっしゃるそうです。自分を楽しませることの大切さとともに、ロブロ粥が持つ豊かな文化を感じます。

第五章 ロブロを焼く

ライ麦全粒粉、ライサワー種、塩、水が基本のシンプルなロブロは、誰でもおいしく焼けます。この章では、ロブロを作るために必要な材料と道具、工程、レシピなどをご紹介します。

ロブロの材料

基本の材料

ここでは、ロブロ作りに必要な基本の材料をご紹介します。

ライサワー種
ロブロに旨味と香り、まろやかな酸味を与えます。前回のロブロ生地を取り分けたものをライサワー種として使えます。（P113参照）

砕きライ麦
下欄
<砕きライ麦>参照

註）ライ麦全粒粉100%でもおいしいロブロが作れます。乳児がいるご家庭や幼児教育施設にお勧めです。その場合、砕きライ麦もライ麦全粒粉に置き換えてください。

ぬるま湯
こね上げ温度が28℃前後になるように調節してください。
私は年中比較的安定した室温で仕事をしているので、38℃くらいのぬるま湯を使っていますが、日本では夏と冬の室温の差が激しいため、水温の指定は難しいようです。寒い日は43℃くらいで用意しなければならないし、夏には30℃くらいでも大丈夫です。こね上げ温度を計り、気温と一緒に記録しておくと便利です。乾燥が激しい冬などには、水分量を増やす必要もあります。

塩
精製度の低い天然塩を使っています。ロブロに塩味を持たせるだけではなく、旨味や甘味などを引き立て、生地を安定させ、パンの骨格の形成を助けます。

ライ麦全粒粉
私は、ローラー挽きよりも粒子が粗い、石挽きのライ麦全粒粉を使っています。石挽き粉が手に入れば理想的ですが、難しいようでしたら、中挽きや粗挽きなど、粒子が粗めのものを選んでください。

材料全般について

できるだけ、新鮮なものを使いましょう。まとめ買いではなく、まめに購入することで鮮度をキープしましょう。

砕きライ麦

ロブロは、異なる挽き方をしたライ麦を合わせる方法が主流になっています。「砕きライ麦」は、デンマークでは一般的な商品です。私は小型の石挽き製粉機で、ライ麦全粒粉には最も細かく、「砕きライ麦」には、中間で挽いたものを使っています。石臼なので、ローラー挽きと比べて、粗めの粉に仕上がります。日本では「砕きライ麦」の入手が難しいようですので、代用品として「ライフレーク」や「ライシュロート（圧ぺん割ライ麦）」をお勧めしています。「プロセスグレーンライ麦」という商品があります。加熱されていないライ麦を使うと、発酵過程でライ麦のミネラルが消化吸収されやすい形になるというメリットを生かすことができます。この点を重要視する場合、ミルサーなどでライ玄麦を砕いて使ってみるのもよいでしょう*。

ライフレーク

※ 発酵時間内でしっかり吸水させることが大切です。粒が粗い場合には、発酵時間が長い「型詰めオーバーナイト法」や「中種法」をお勧めします。

食感に変化を持たせる

ここでは、お好みで加えていただける副材料をご紹介します。同時に、元々、ロブロはライ麦と水と塩のみで作っていたこと、その組み合わせが最もライ麦の旨みを堪能でき、ライ麦の効能を得ることができるということも合わせてお伝えします。

栄養価を高める・食感に変化を持たせる

シード類

シード入りロブロは、現在、デンマークで最も普及しているロブロです。亜麻仁(フラックスシード)、ひまわりの種、かぼちゃの種(パンプキンシード)、けしの実(ポピーシード)、ごまなどが適しています。シードを加えると、柔らかい食感が生まれ、ロブロが切りやすくなります。一方、ライ麦独特の風味や旨味、ライ麦の効能は薄くなります。

香りを加える

香辛料

クミンシード、フェンネルシード、アニスシード、コリアンダーシードなどがお薦め。ホールでもパウダーでもよいのですが、どちらを加えるかによって、印象や味覚が変わります。パウダーは、生地に加える直前に挽くと、その香りが最大限に生かせます。ロブロ独特の香りが損なわれやすいので、控えめにお使いください。

風味を加える

ビール

基本の材料で紹介している水の一部をビールに置き換えることができます。色の濃いビールを使うほど、モルトの風味や味が反映します。焼成するため、アルコールは残りません。

色と苦味を加える

モルトパウダー

発芽させた大麦である麦芽(モルト)を焙煎し、粉砕した粉末。焙煎の度合いが色に反映されます。工場生産で短い発酵時間を確保するために添加されるようになりました。深い焙煎による濃い色のモルトパウダーを加えると、ロブロはキャラメル色やチョコレート色に仕上がり、わずかな苦味が加わります。

切りやすくなる

小麦(精製粉)

工場生産のロブロには小麦が入っていることが頻繁です。小麦を加えるようになったのは、工場生産されたロブロをスライス済みの商品として販売されたことがきっかけです。ライ麦100%のロブロを粗熱がとれた段階でスライスすると刃に生地が残ってしまうため、その解決策として小麦を加えるようになったそうです。

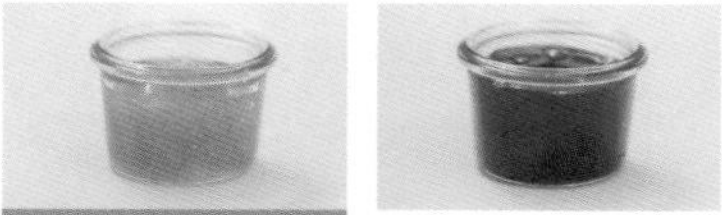

甘みを加える

はちみつ・モルトシロップ(麦芽糖)・糖蜜

元々、ロブロには甘みを加えません。デンマークでは、1970年代にドイツのライ麦パン製法が取り入れられ、糖蜜を加えたロブロが工場生産されるようになりました。以来、工場生産されるロブロには、モルトシロップ(麦芽糖)、砂糖、はちみつなどを加える手法が普及しています。

ライサワー種について

ロブロ作りで使うライサワー種は、ライ麦と水を発酵させたサワー種です。ライ麦に含まれる乳酸菌と酵母が、次にロブロを焼く時までゆっくりと培養され、発酵種として育ちます。

乳酸と酢酸の関係

乳酸菌から生まれる乳酸と酢酸によってライサワー種の酸度が高まると、ライサワー種の酵母が覚醒します。覚醒した酵母は、ライ麦のでんぷん質をグルコースに分解し、グルコースは二酸化炭素（炭酸ガス）とアルコールに分解されます。二酸化炭素の形成により生地がふくらみ、アルコールはロブロ独特の香りを形成します。二酸化炭素の形成は、活性状態のよいライサワー種に見られる気泡でも確認できます。

ロブロ独特の旨味と香り、酸味は、乳酸菌から生まれる乳酸と酢酸の適切なバランスによって形成されています。乳酸が多いと、まろやかでフレッシュな味を生み、酢酸が強いと酸味が強くなります。酢酸がわずかに存在することで、香り成分を引き立てる、カビなどの繁殖を抑えて保存性を高める、乳酸が持つ金属的な味が和らぐといった効果があります。

ライサワー種の活性

ライサワー種は、左図の「安定期」に使用すると最も効果が期待できます。ロブロの生地から取り分けたライサワー種を、毎週もしくは隔週で定期的に使うと、ライサワー種の活性化が繰り返されていきます。

衰退期に入ったライサワー種の活性状態を戻すためには、「えさ」に担当するライ麦全粒粉と水を与えます。この作業は「リフレッシュ」と呼ばれています（115頁参照）。

数ヶ月ほど冷蔵庫でそのままになっていて、ツンとする匂いになっても、乳酸菌が生きていれば、「リフレッシュ」を行うことで、ライサワー種が活性化します。乳酸菌の数が少なくなっていると、リフレッシュを何回か繰り返す必要が生じることもあります。ライサワー種の活性化は、気泡の大きさや数で確認できます。

ライサワー種に存在する乳酸菌の活性変化

ライ麦全粒粉 ＋ 水

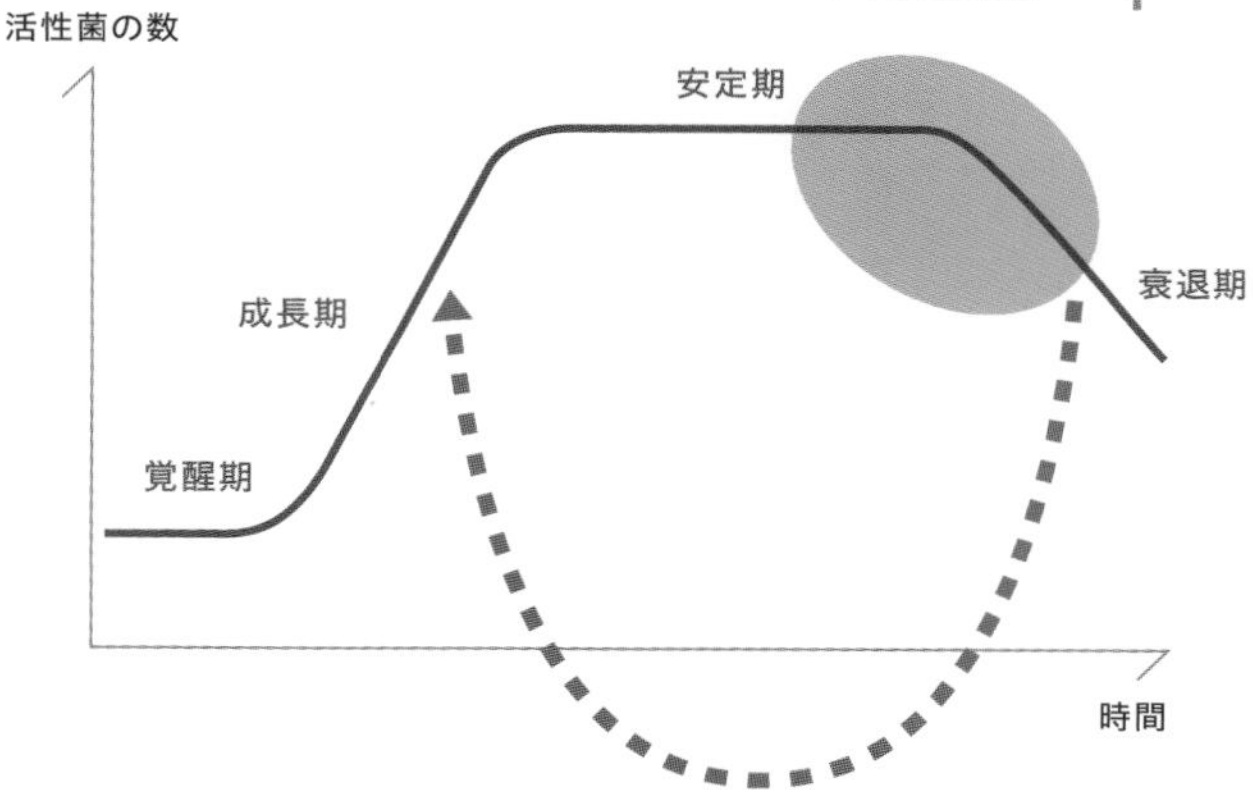

覚醒期 …「リフレッシュ」により乳酸菌が活性化し始める。

成長期 … ライ麦に含まれている成分で乳酸菌が活性化し、酸を生成し、増殖させる。

安定期 … 乳酸菌がライサワー種に形成された酸によって増殖しなくなる。

衰退期 … 死滅する乳酸菌が増えていく。

■ ■ ■ ■ 乳酸菌が残っていると、粉と水を足すことで再び「覚醒期」に戻すことができます。

ライサワー種の役割

乳酸菌は30℃で最も活性化し、酵母は25～30℃くらいの温度で発酵しやすい特性があります。

ロブロの劣化が遅いのは、ライ麦の食物繊維がライサワー種による発酵の過程で分解され、生地に含まれる水分を吸収することに起因します。

パンの骨格を形成する

しっとり生地

生地の発酵

芳しい香り

まろやかな旨味と酸味

劣化を遅らせる

ロブロ作りの道具

1

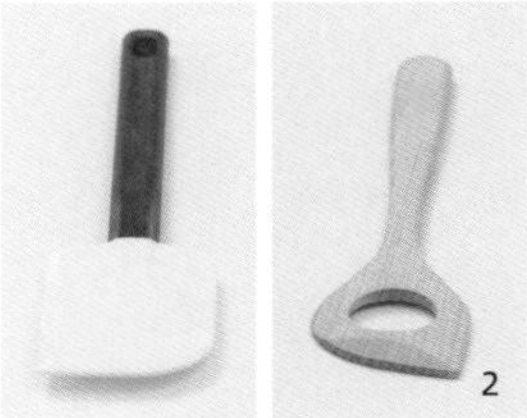
2

3

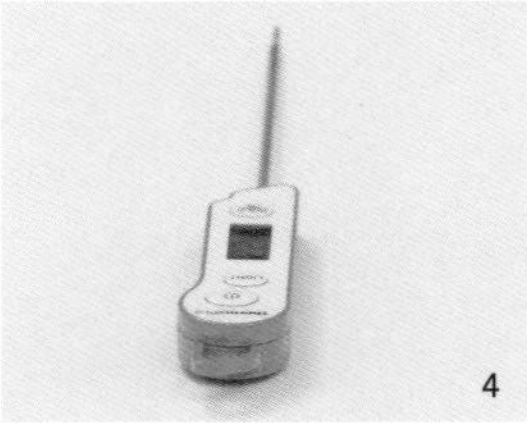
4

5

必要な道具

・**保存容器(ライサワー種保存用)**
ライサワー種の保管に使います。ガラス製をお勧めします。

・**キッチンスケール**（1）

・**ボウル(小もしくは中)**
粉を計るときに使うもの。
茶碗や丼でも代用できます。

・**ボウル(大)**
生地を混ぜるときに使うもの。2ℓくらいの容量があると作業が楽です。

・**材料を混ぜる道具**（2）
スケッパー・木べら・ゴムべらなど

・**食パン型**（3）
この本では、1斤分の量をご紹介しています。

・**オーブン**

・**温度計**（4）
生地の中心温度を計ります。

・**温湿計**（5）
ロブロ作りの記録や状況の把握に便利です。

・**オーブンミトン**

・**クーラー**（6）

・**キッチンクロス**
綿や麻100％のものを使っています。

・**パン切り包丁**（7）
波型のものを使っています。

・**ヨーグルトメーカー**（8）
ライサワー種の発酵に使えます。ロブロ作りでライサワー種を手早く常温にする時にも使えます。

私は、これを使いました。
ブランド名：ビタントニオ
商品名称：ヨーグルトメーカー（VYG-60-I）

6

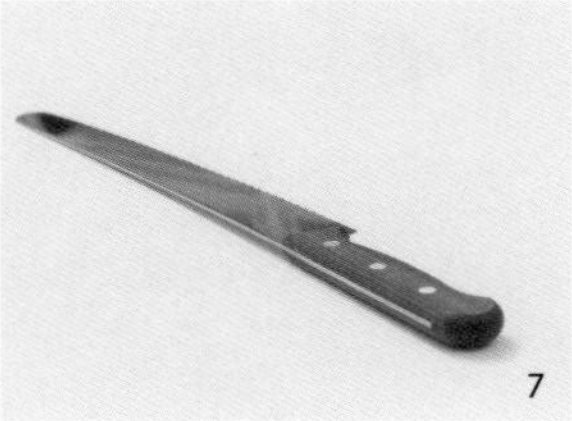
7

8

製粉について

挽きたての粉は、挽く過程で空気を含むため、ふんわりとしていて、ほんのり温かく、ふくいくたるライ麦の香りが楽しめます。今から150年前くらいまで、農村では大きな石窯を使ってロブロを焼いていました。生地はロブロを焼く日の前日に仕込み、麦は、生地を仕込む日に粉屋で挽いてもらっていました。ロブロに使うライ麦全粒粉は、精製された粉と比べると酸化が早いため、使う直前に挽く習慣があったのです。

私が勤めていたシュタイナー幼児教育施設では、手回しと電動の製粉機が二種類あり、手回しは子どもたちが製粉を体験するために、電動は幼稚園でのパンを作るために使っていました。我が家にも家庭用の石挽き製粉機があり、玄麦から粉にする醍醐味《だいごみ》を味わっています。粗さが調節できる機能も便利です。

家庭用石挽き製粉機

細かく挽いたライ麦

粗めに挽いたライ麦

ライ玄麦

仕込み桶

「フュンの農村」博物館では、昔のデンマークの農村が野外に復元されており、当時の暮らしを感じることができます。この博物館に保存されている農家には、ロブロを仕込むときに使っていた「仕込み桶」の展示があります。昔は、窯の火入れが大変な作業だったため、家族と住み込みで働く人に必要とするロブロは1ヶ月ごとに作っていました。日持ちが長くなるよう、水の配合は今よりも少なく、1ヶ月分のロブロの仕込みは重労働でした。

「フュンの農村」博物館に展示してある仕込み桶

ロブロ作りの基本工程

1. 計る

計量には、デジタルのキッチンスケールが便利です。

2. 混ぜる

材料を合わせます。混ざりにくい材料から合わせていきます。ロブロはグルテン網を利用して膨らませるパンではないので、生地は全体が均一に混ざればOKです。

こね上げ温度が28℃になるように仕上げましょう。

- こね上げ温度の調節は、慣れるまで、日付、室温とぬるま湯（材料）の水温、最終のこね上げ温度、そして、ロブロの焼き上がり状態を記録すると便利です。こね上げ温度を28℃にするために、夏には30℃、寒い冬には43℃くらいのぬるま湯を参考にしてください。
- 生地の硬さは、ぼってりしたお粥の状態を目安にします。湿度が低く乾燥している冬には、材料も乾燥しがちなので、水を足す必要があるかもしれません。生地の様子を観察しましょう。

3. 寝かせる（発酵）

生地がふっくらするまで発酵させます。

こね上げ温度が28℃くらいだと、発酵時間は3時間半が目安です。

発酵の見極め方はP.107参照。同じ型で焼いているとコツがつかみやすいです。


型詰めオーバーナイト法の場合：冷蔵庫の温度が一定のため、四季を通じて発酵時間に変化が少ないことがメリットです。


常温で発酵させる場合、季節による気温の変化で発酵時間が2〜5時間と変わります。

オーブンを点灯する、ホイロを使うなど、29℃くらいの環境を作ってもよいでしょう。

冷蔵庫で保管

軽くふたをするか、キッチンペーパーやさらし（晒）を挟んでからふたをする

キッチンクロスに包んで保管する

生地に大きめの気泡ができるまで3～4時間を目安に常温に置いて発酵させる

「焼きたて」は、ロブロをオーブンから出したばかりの段階ではなく、粗熱がとれた状態を指します。粗熱が完全にとれていない段階でパン包丁の刃を入れると、切り口から蒸気として水分が抜けてしまいます。「焼きたて」をカットする時には、必ず粗熱がとれるまで待ちましょう。

中心温度が98℃になると焼き上がり

次回分のライサワー種としてとり分ける

キッチンペーパーやさらし（晒）をふた代わりにする

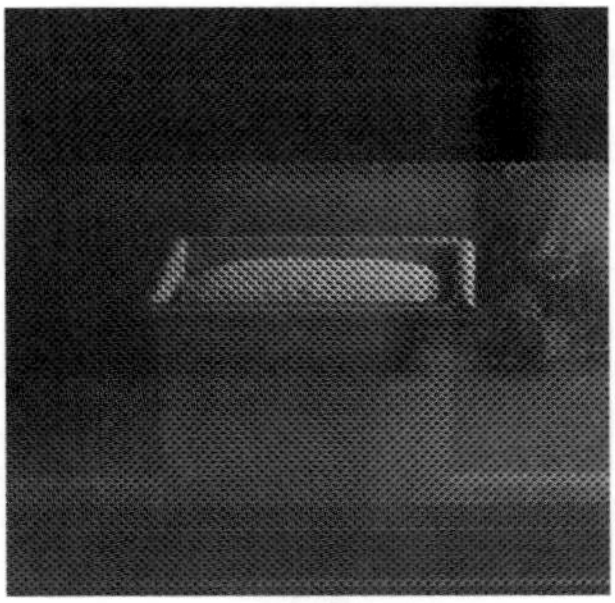

4. 焼く

途中まで蓋をして焼くと、ナイフの刃が入れやすいクラストになります。蓋をしない場合、耐熱皿や耐熱カップに湯を張ったものをオーブン庫内に設置して焼くと、適度に湿度が保った状態で焼くことができます。適度に湿度が加わると、ロブロの表面（トップ）がきれいな茶色になります。

焼き上がりは、ロブロの中心温度が98℃になった時です。
焼成時間はあくまでも目安にしてください。

ロブロ作り 3つの手法とその特徴

ロブロを焼く工程にはいくつかの方法があります。
ここでは、この本で扱う方法を図式化してご案内します。

ストレート法

- 生地作りを1回で行う。
- たっぷりのライサワー種を使うことで、発酵による旨味を引き出す。
- 酸味がやわらかく、ナッツのような味わいに仕上がる。
- 5時間後に焼き上がる。（発酵時間は暑いと短くなり、寒いと長くなり、工程の合計時間に影響する。）
- 実質労働はおよそ30分

型詰めオーバーナイト法

- 生地作りを１回で行う。
- たっぷりのライサワー種を使うことで、発酵による旨味を引き出す。
- 仕込んだ生地を型に入れ、冷蔵庫で保管し、翌日に焼く。
- 生地を仕込む日に焼かないので、当日は30分の時間配分でよい。
- 翌日は型を冷蔵から出して焼くだけ。（発酵の見極めに経験を必要としない。）
- 夏場の発酵の温度管理がしやすい。
- 長時間発酵による栄養効能の向上が期待できる。

<型詰めオーバーナイト法の誕生秘話>
「ロブロを平日に仕込んだのですが、その日は疲れていて、仕込んだ生地を型に入れて発酵を待っていたら、寝落ちしてしまいました！ 気づいたら、生地が型から溢れていました！」ー ロブロの会に参加者さんの実話です。過発酵になった生地は、ライサワー種として使えますが、平日の仕事帰り、生地を仕込んだ後に発酵を待つ時間は、さぞ長く感じられただろうと思いました。中種法には、仕込みから発酵までの連続作業はありませんが、2回に分けた仕込み作業が必要になります。私自身、家庭でのルーティンとしては、1回で仕込む方が続けやすいと感じていたので、生地を仕込んで型に入れておき、翌日にその型をオーブンに入れて焼けないだろうか・・と考え、「型詰めオーバーナイト法」が生まれました。現在、我が家のロブロは夫が担当していますが、この方法だと、仕込んで20時間前後に焼くと必ず同じ仕上がりになると満悦至極です。低温長時間発酵でも酸味が強くならず、おいしいロブロに仕上がります。

中種法

- 生地作りを2日に分けて行う。
- ベーカリーでの工程に組み込みやすい。
- ロブロの数が多く必要な場合に便利。
- 中種を仕込む工程で、ライサワー種を活性化させている。
- 少量のライサワー種を長時間発酵しながら旨味と酸味を引き出していく。

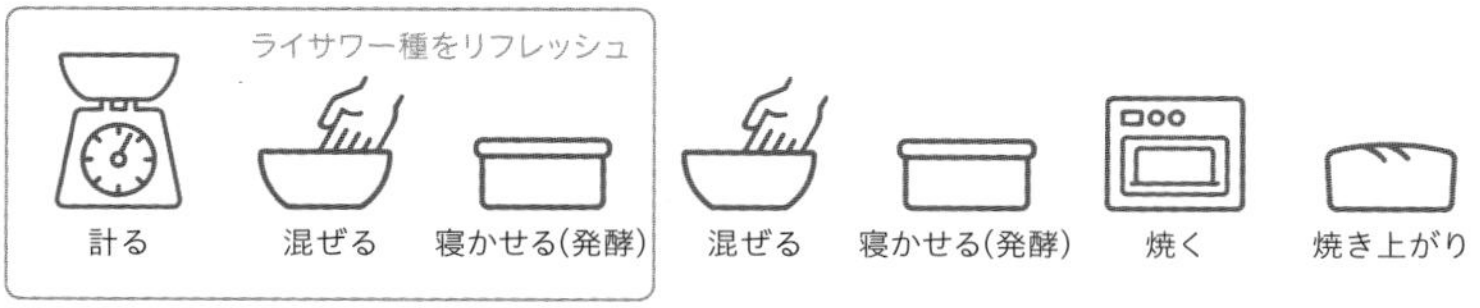

実働時間　トータル

ストレート法

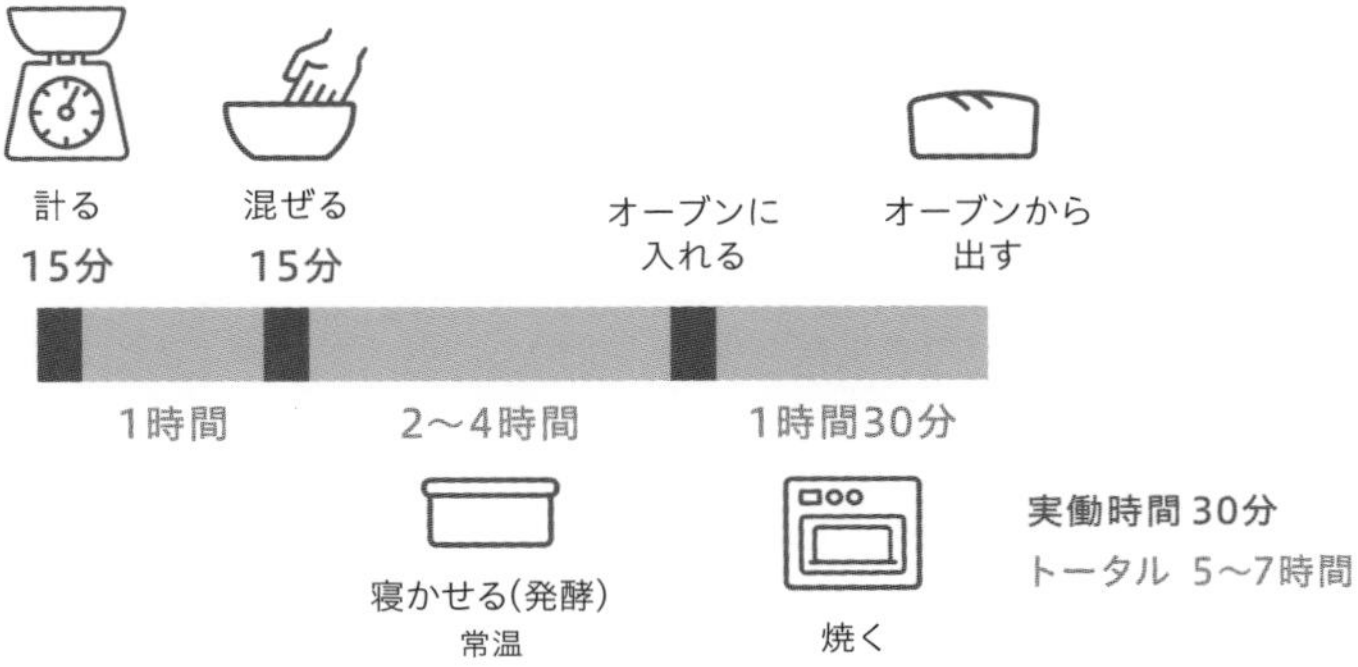

型詰めオーバーナイト法

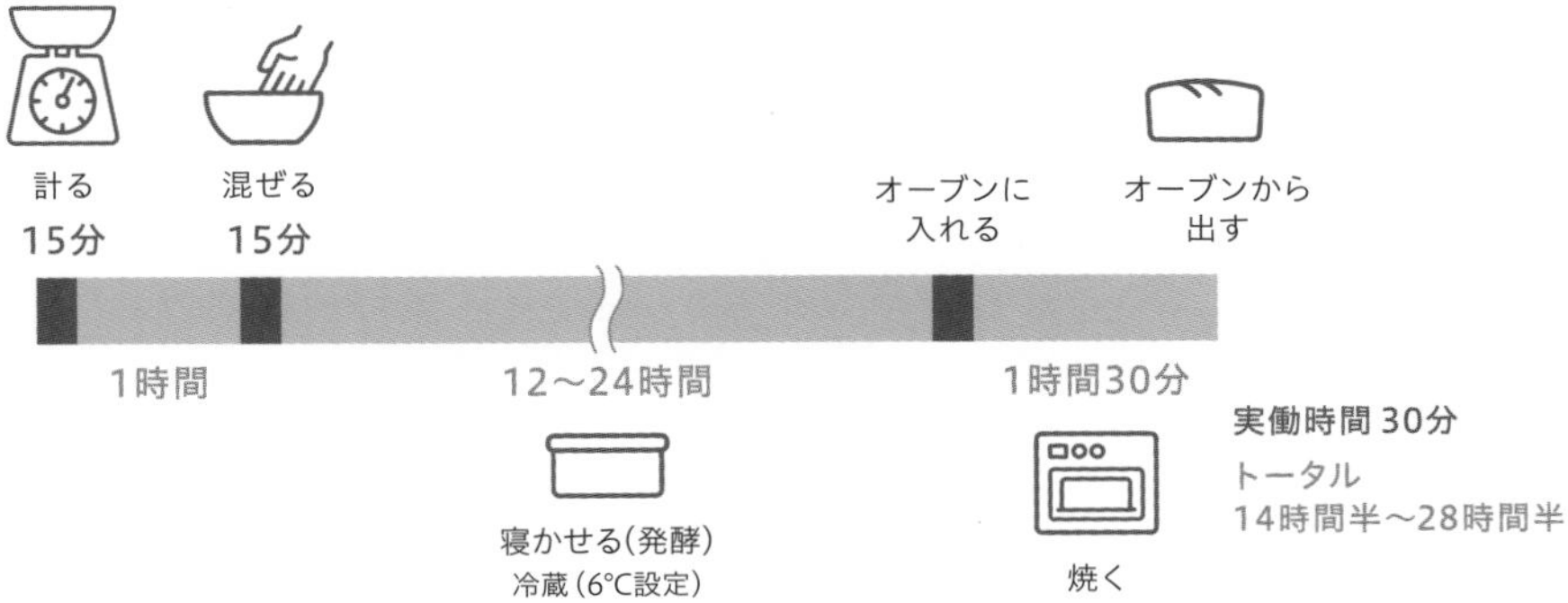

中種法

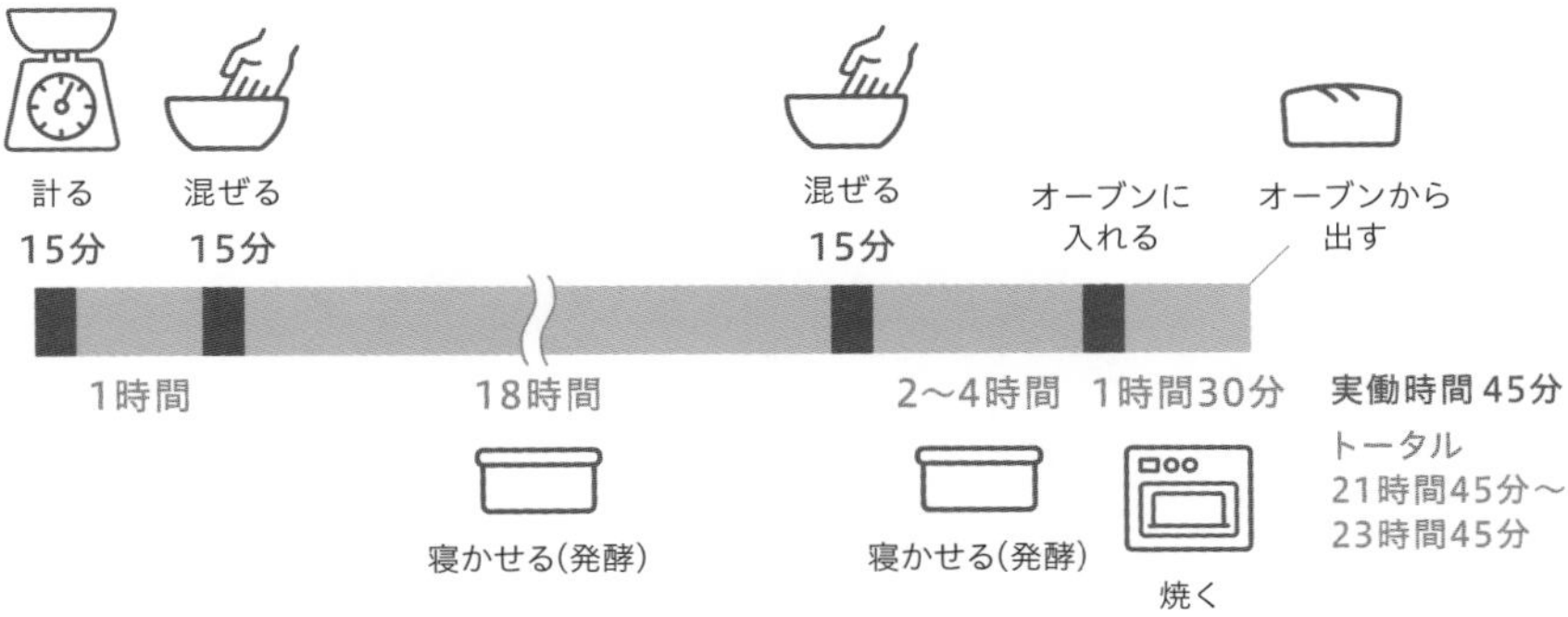

基本のロブロ

ストレート法

型詰めオーバーナイト法

我が家で使っているロブロのレシピです。生地を一度に合わせるため、ご家庭で作りやすい工程です。中種法と比べて短い発酵時間なので酸味は控えめですが、ライサワー種を多めに使うことで、ロブロ独特の旨味を出しています。

基本のロブロ

食パン型1斤　1個分

材料

- ロブロ用ライサワー種 … 180g
- ぬるま湯 … 520g
- ライ麦全粒粉 … 350g
- 砕きライ麦 … 200g
（ライフレークやライシュロート、ライ麦全粒粉で代用できます。）
- 自然塩 … 10g

作り方

1. 材料を揃える。室温がよい。
2. 大きめのボウルにぬるま湯とライサワー種、塩を加えて混ぜる。
3. 砕きライ麦を加え、全体をよく混ぜる。
4. ライ麦全粒粉を2回に分けて加え、その都度、生地をよく混ぜる。
5. ふきんをかけるか蓋をして、10〜15分ほど置き、もう一度、全体をよく混ぜる。こねあげ温度は28℃が目安。
6. 180gの生地を清潔なガラス瓶に取り分ける。

- この生地が、次のライサワー種になります。
- 取り分けた生地がガラス瓶の6割に収まる余裕があるガラス瓶がおすすめです。

1

2

3

6

5

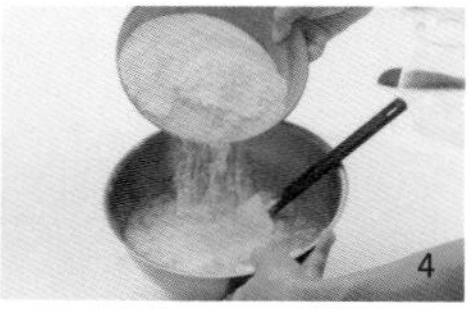
4

7. 残りの生地を型に入れる。

8. ふきんをかけるか、軽く蓋をして発酵させる。ガラス瓶に取り分けた生地（＝次回のライサワー種）もロブロを焼く段階まで同じ場所で発酵させる。
①常温で発酵させる→27～28℃で3時間半が目安
②冷蔵庫で発酵させる（オーバーナイト法）→20時間前後が目安

冬は室温が低いので、生地を型に入れた後、15～30分（冬は30分、真夏は15分）ほど27～28℃くらいの場所に置いた後に冷蔵庫に入れるとよい。

9. 発酵状態を確認し、180℃に余熱したオーブンで蓋をしたまま1時間焼く。
一緒に発酵させたライサワー種は、生地をオーブンに入れるタイミングで冷蔵庫に入れる。

10. 蓋をとり、20～30分、中心温度が98℃になるまで焼く。

11. 中心温度が98℃になっていることを確認する。

12. オーブンから取り出す。

13. キッチンクロスで包んで、クーラーで粗熱をとる。

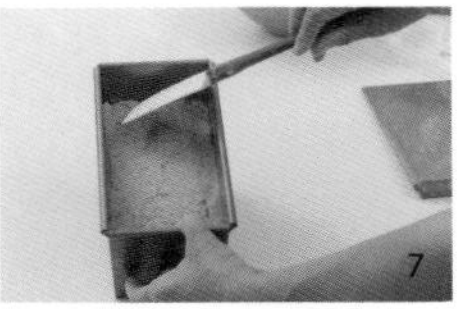
7

8

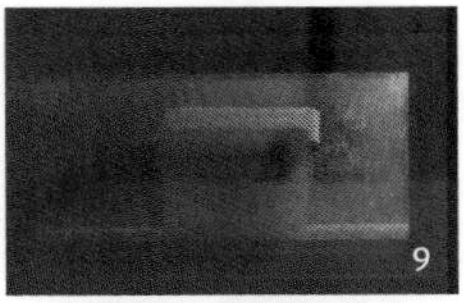
9

10

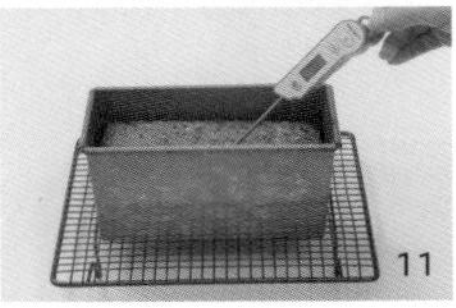
11

12

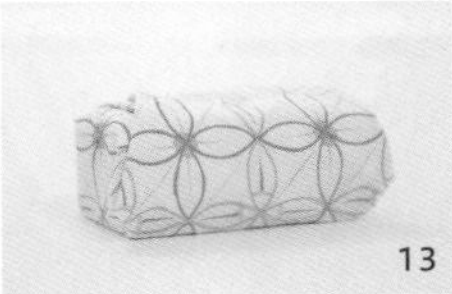
13

- 発酵の見極めは時間ではなく、生地の様子で判断しましょう。
- 蓋をして焼くと、焼き型の中で発生する蒸気で蒸し焼きとなり、メイラード反応により表面が茶色になります。
- 蓋なしで焼く場合には、オーブンに入れる前に手水で表面をぬらし、50㎖の湯を耐熱カップかココットに入れて、焼き型の隣に置いてロブロを焼きましょう。適切な温度で表面がきつね色になります。
- 焼成完了は、時間ではなく、生地の中心温度が98℃になっていることです。

発酵の見極め方

以下のいずれかの状態を確認してください。

- 生地がふっくらしていて、表面を指先でそっと押して、生地が少し跳ね返るような感触がある。
- 生地の表面に、とても小さな穴がいくつか確認できるようになる。
- 元の生地の高さよりも2㎝くらい高くなっている。
（食パン1斤型の場合）

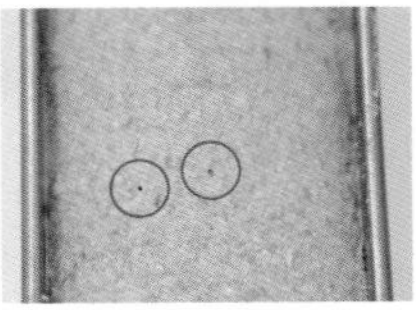

ベーカリーロブロに学ぶ THE BREAD STATIONのナチュラル・ロブロ

オーガニック・ベーカリー THE BREAD STATION（ザ・ブレッドステーション）は、パン業界のレジェンド、ペア・ブロン氏のパンへの美学が集結されたスポットです。
石挽き製粉機が鎮座している工房では、自家製粉した新鮮なオーガニック粉と水と塩で作られたパンと、こだわりの厳選材料が使われた菓子類が製造・販売されています。クロワッサンやサンドイッチがイートイン・スペースで楽しめるほか、選り抜きの食品や食材も購入できます。
THE BREAD STATIONは、Charlottenlund駅の構内にある古い駅舎にあります。昔、田舎の駅は人々の交流スポットでしたが、ベーカリーになった今、再び、人が集まるスポットとして賑わっています。目抜き通りに店舗を構えていない理由は、毎日、焼きたてのパンを準備するために、粉を挽き、粉にまみれ、パンを焼くという、決して静かではない作業を夜通しで行うため。夜から昼に仕事がつながれ、おいしいパンが焼き上がります。
THE BREAD STATIONで販売されているライ麦全粒パンは3種類。ここでは、全粒ライ麦100%の「ナチュラル・ロブロ」のレシピをご紹介します。

THE BREAD STATIONの ナチュラル・ロブロ

食パン型1斤　2個分

材料

前仕込み分

・ 砕きライ麦 … 500g
・ 水 … 500㎖

当日分

・ ライ麦全粒粉 … 750g
・ 水 … 500㎖
・ ライサワー種 … 100g
・ 塩 … 30g

作り方

1. 前仕込み分の材料を合わせ、最低12時間寝かせる。
2. 1と残りの材料すべてを均一な生地になるまで混ぜる。
3. 生地を型に入れる。
4. 常温で、生地を発酵させる。状態のよいライサワー種を使うと、2〜3時間が発酵時間の目安。
5. 200℃に予熱したオーブンで90分焼く。
6. オーブンから出したら、すぐ、型から外す。

・ 食パン型（1斤）2個に入れてください。
・ 発酵の見極めは、P.107を参考にしてください。

THE BREAD STATIONの外観

フルーツ・ロブロ

シード入りロブロ

ナチュラル・ロブロ

ロブロ・サンド「厳選スモークサーモン」

ロブロ・サンド「厳選サラミ」

ロブロ・サンド「焼き野菜」

焼きたてのロブロ

店内の奥にあるパン工房には、石挽き製粉機が設置されている

ベーカリーロブロに学ぶ BRØD《ブロ》のシード入りロブロ

東京・広尾にあるサワードゥブレッドに特化したマイクロベーカリー「BRØD(ブロ)」では、シード入りロブロ Heimdal(ハイムデル)が定番です。こだわりの粉で中種法を用いて丁寧に作られたロブロです。

シード入りロブロ Heimdal《ハイムデル》

食パン型1斤　1個分

材料

1日目

<浸水用シード類>

- ライシュロート … 125g
- ひまわりの種 … 70g
- フラックスシード … 50g
- 水 … 250g

<中種>

- ライサワー種 … 25g
- ライ麦全粒粉(粗挽き) … 150g
- 水(室温) … 150g

<ロブロ生地>

- 浸水したシード類 … 全量
- 中種生地 … 全量(325g)
- ライ麦全粒粉(粗挽き) … 80g
- モルトパウダー(深煎り・ダーク) … 5g

モルトシロップ25gでも代用できますが、省略もできます。

- 塩(ゲランの塩) … 12g
- ぬるま湯(25-30℃) … 25〜50g

<トッピング>

- ライフレーク(ごまでもOK) … 5〜10g

作り方

<1日目>

1. 中種の材料をすべて混ぜ、室温で翌日まで(できれば18時間程度)発酵させる。
浸水用シード類の材料も合わせて、室温で翌日まで(できれば18時間程度)浸水させる。

夏場は中種に塩を少々加えるとよい。

<2日目>

1. ロブロ生地の材料を、木ベラもしくは手で7〜10分間、しっかり混ぜる。ニーダーを使う場合は、低速で5分ほど混ぜる。

2. 生地を30分ほど寝かせた後、油脂をしっかり塗った型に生地を入れる。水で濡らしたスプーンやヘラで生地の表面を整え、トッピングを表面にまぶし、軽く生地に押さえつける。
3. 22〜25℃の場所で2〜3時間ほど発酵させる。発酵が整った段階は、表面に小さな穴が5〜8個ほどできる状態が目安。
4. 生地に霧を吹き、180℃に予熱したオーブンで75分ほど、もしくは、中心温度が98℃になるまで焼く。
5. クーラーで粗熱をとる。

・ 生地の硬さは、ぼってりしたお粥の状態を目安にしてください。
・ 日本では、夏と冬の湿度に大きな違いがあります。冬の湿度は低く、空気が乾燥しており、粉もシード類も乾燥しがちです。その場合、生地に水を足して調節する必要があります。
・ 発酵の見極めはP.107を参考にしてください。

2

3-1

3-2

3-3

4-1

4-2

4-3

マイクロベーカリー「BRØD(ブロ)」東京・広尾

クオリティ重視のサワードウブレッドに特化したマイクロベーカリーBRØD(ブロ)店主のクリスティーナさんがパンを本格的に焼き始めたのは、2018年。夫のヘンリックさんの仕事の関係で、東京で暮らし始めたのがきっかけ。グルテン不耐性気味だったお嬢さんに腸への負担が少なく滋養のあるパンを食べさせたいという思いが、石挽きサワードウブレッドに結びつきました。

クリスティーナさんのパンは知人の間で評判を呼び、注文ベースでの製造販売が始まりました。恵比寿ガーデンプレイスや青山ファーマーズマーケットでのパン販売を経て、2022年12月に広尾に小さなベーカリーショップをオープン。デンマーク王国大使館やミシュラン・レストランからも高く評価されており、地元でもリピーターが増えています。

BRØD(ブロ)で大切にしていることは、地産地消とオーガニック、そして、サステナブル。挽きたての石挽き粉を使い、サワー種で長時間発酵させたパンにこだわります。家族で楽しむために焼いていたロブロも順調な売れ行きの定番商品に成長しました。ロブロに関心を持つ顧客が確実に増えている現況は、大きな喜びと励みになっています。

ナショナルマーケットやオンラインショップでも購入できます。
ブロ・オンラインショップ: https://www.brod.jp/shop

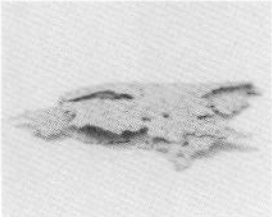

ライサワー種、購入できます

BRØD(ブロ)がロブロ製造に使っているライサワー種はオンラインもしくは店頭で購入できます。
TEL. 070-1527-5767　https://www.brod.jp/
東京都渋谷区広尾5-4-20
東京メトロ日比谷線 広尾駅 2番出口から徒歩2分

形を変えて焼く

ロブロ研究の第一人者ハンセン先生（40頁参照）は、ご家庭でのロブロを½枚の高さで焼いていらっしゃいます。「私はお昼に普通サイズの½枚を3枚食べるから、½枚分の高さに焼くと半端がでなくて便利なの。」というコメントには目から鱗が落ちるようでした。½枚が3枚だと、½枚が余ってしまいます。切り立てがおいしいということをよくご存知の方だからこその工夫に脱帽しました。試作する中で、手で持って食べやすいというメリットにも気づきました。

「きれいに飾ったスモーブロを手で食べることはできませんか?」という質問をよくいただきます。写真右上のスモーブロは、写真右下の食パン型に半量の生地を入れて焼いたロブロを使っています。このロブロを使ってスモーブロを作ると、土台になるロブロの四方が耳で囲まれているので、ぐらつきが少なく、写真右上くらいのトッピングだと、手で食べることができます。スモーブロを気軽に親しむための方法として使えるかもしれません。写真左下のような背の低いスクエア型で焼くと、切った時に細長い形になるので、現代的で美しいスモーブロが作りやすいと思います。長さがあるので、写真左上くらいに飾ったスモーブロを手にすると、ぐらつきます。こちらには、フォークとナイフが必要になります。

高さを低くして焼くロブロは、生地が2cm持ち上がると過発酵になるので、表面の状態で発酵完了を見極めてください。

ライサワー種の使い方・取り分け方

ライサワー種は、前のロブロ生地を少し取り分ける方法と、ライサワー種をロブロ生地とは別に必要に応じて継ぎ足す方法があります。

1. ロブロ生地をライサワー種として使う

ロブロ生地を仕込んだ後、その生地を次のロブロ仕込みに使うライサワー種として取り分ける方法です。デンマークの家庭で一般的な方法です。取り分けた生地は、次にロブロを仕込む時まで冷蔵庫で保管します。冷蔵庫に定位置を決めておくとよいでしょう。ライサワー種を別に継ぐ必要がないので手軽です。

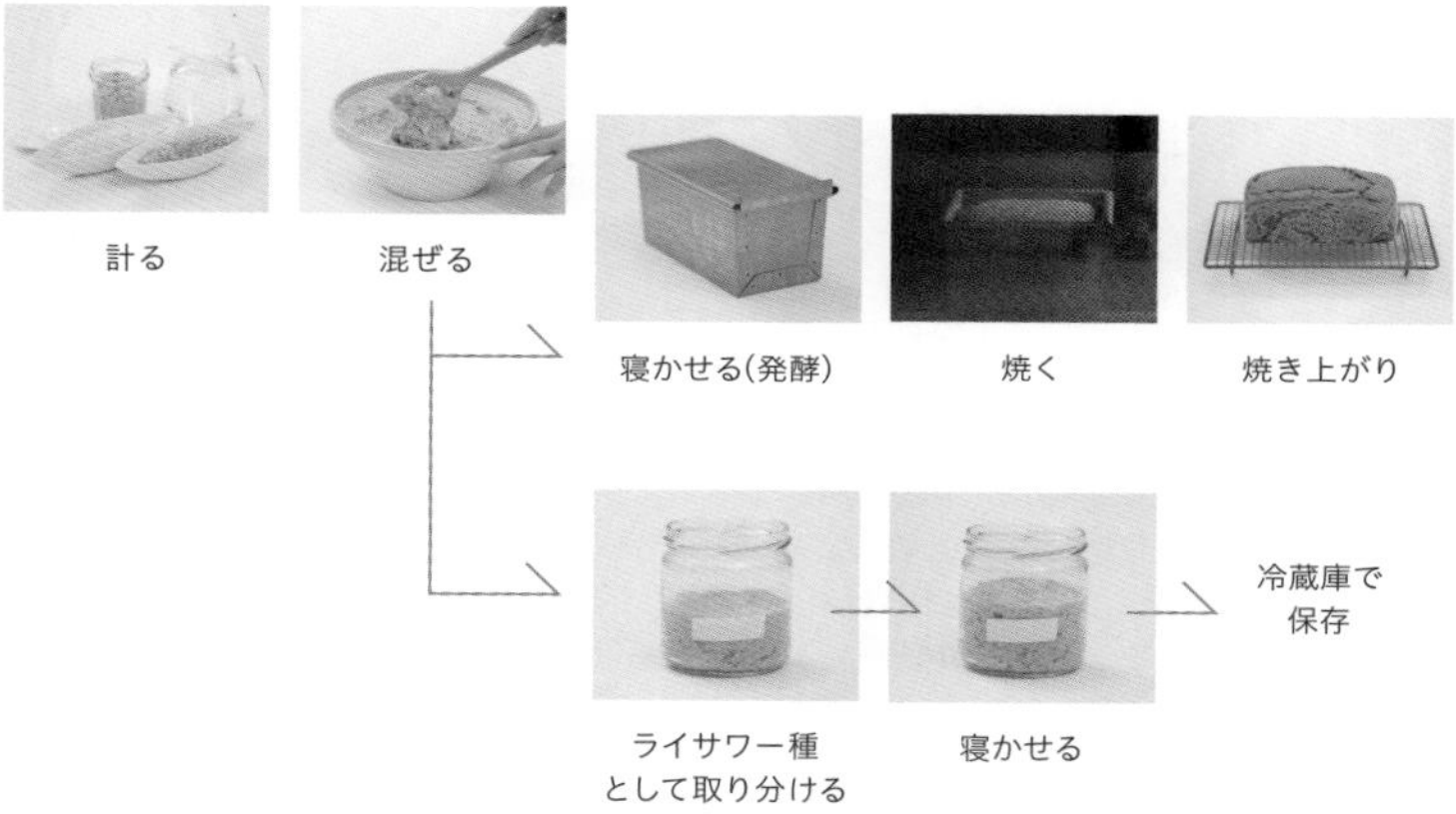

2. ライサワー種をロブロ生地と別に継ぎ足す

ライサワー種をロブロ生地と別に保管する方法です。ベーカリーなどで多種類のパンを焼く時など、ライサワー種をまとめて保管できるので便利です。必要に応じて、水とライ麦全粒粉を加えて、ライサワー種の活性を保ったり、量の調節を行います。

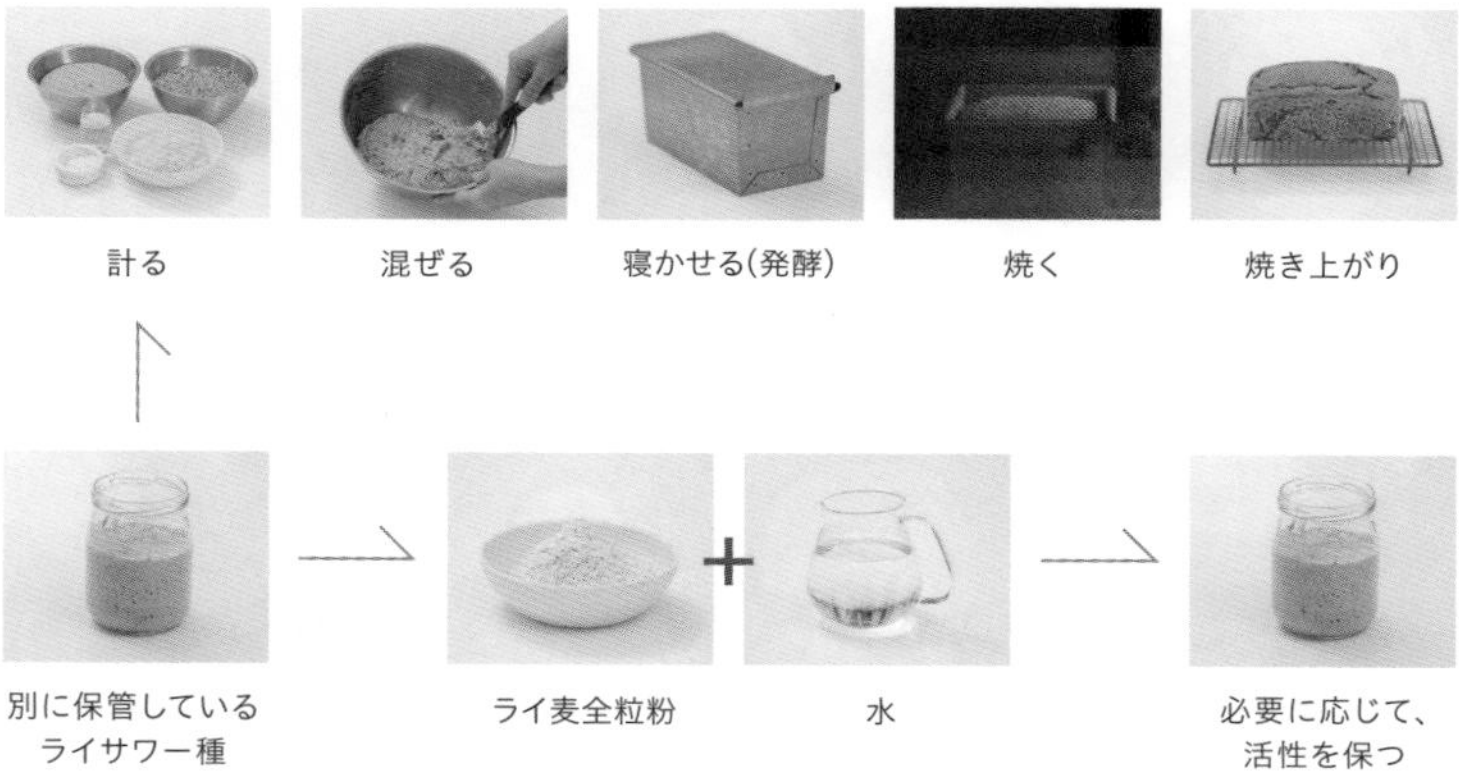

ライサワー種の保管とお手入れ

冷蔵して保管する

毎週もしくは隔週といった定期的な使用で、ライサワー種の活性がよい状態で使えます。ロブロを定期的に作ることで、ライサワー種の活性化が繰り返されていくからです。保管状況や活性の具合にもよりますが、3週間くらいまでは、そのままで問題なく使えるでしょう。ただし、3週間過ぎたからといって突然に効力がなくなるわけではありません。

3〜4週間ほどロブロの仕込みが開いてしまったら、リフレッシュという作業で、ライサワー種の活性化を図るとよいでしょう。(P.115頁参照)

冷凍して保管する

ロブロの仕込みに慣れない段階、忙しい時など、次回分のライサワー種をとりおくことを忘れて、ロブロを焼いてしまった、などということも発生しがちです。ライサワー種を冷凍しておけば、そのような際にも慌てず対応できます。冷凍保管では、ライサワー種は眠った状態になっているので、このサワー種を使う前には、リフレッシュという作業で、ライサワー種の活性化を図るとよいでしょう(P.115頁参照)。

乾燥して保管する

昔、仕込み桶(P.101)でロブロを仕込んでいた頃、仕込み桶は洗わず、生地が残っている状態で、1ヶ月後のロブロ仕込みに備える地域もあったようです。生地は乾燥するので、室温で問題なく保管できます。次回の仕込みの際に、桶に残っている生地もサワー種の役割を果たしていました。長い間、留守をする時など、冷蔵庫や冷凍庫のスペースをとることなく保管できます。使う前に、ライサワー種を活性化させる必要があります(下記参照)。

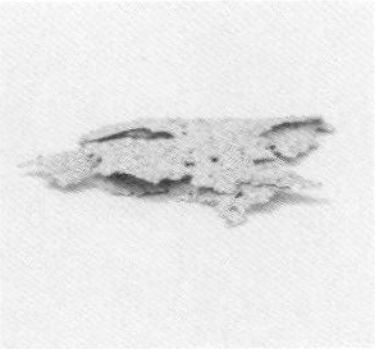
乾燥ライサワー種

乾燥ライサワー種の作り方

クッキングシートなどに、ライサワー種を薄めに広げ、そのまま、乾かす。
乾きにくいところは、天地を返すと、早く仕上がる。
完全に乾いたら、清潔なガラス瓶などに入れて保管する。

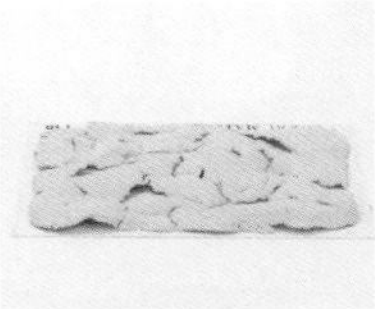
ライサワー種を乾かす

乾燥ライサワー種の活性化

1. 乾燥ライサワー種25gをボウルに入れる。
2. 50gの水を加える。
3. 全体に水になじませる。キッチンクロスなどを被せておく。
4. 6〜8時間後までに、数回、混ぜる。
5. ライ麦全粒粉25gと水25gを加えて、全体を混ぜる。
6. 2から24時間後を目安に、もう一度、ライ麦全粒粉25gと水25gを加える。
7. 清潔なガラス瓶に入れる。
8. 気泡が大きくなっていると、活性化、完了。目安は、2〜3時間。

リフレッシュの仕方

前回の仕込みから３～４週間が経ってしまった時、冷凍保存をしていた時、ライサワー種の量を増やしたい時に使います。
お友だちにライサワー種を分けてあげる時にも使えます。

リフレッシュ前のライサワー種
ライサワーの高さに白いテープを貼っている

リフレッシュ後のライサワー種
大きな気泡が生まれ、白いテープよりも高くなっている

ライ麦全粒粉

水

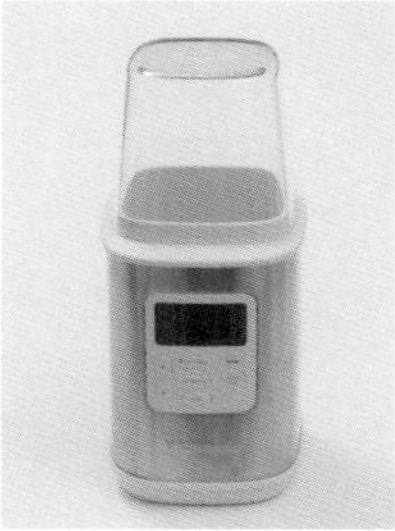

1. 既存のライサワー種に、同割のライ麦全粒粉と水を加える。ライサワー種の同量から3倍量を加えることができる。
2. 全体をよく混ぜる。目安にマスキングテープなどを貼っても、わかりやすい。活性化を図るために、ときどき混ぜてもよい。
3. 大きな気泡が生まれ、かさがふえるとリフレッシュ完了。

キッチンが寒い時には、ヨーグルトメーカーで28℃設定をするとよいでしょう。
ライサワー種の気泡が大きくなるまで、発酵させます。

私は、これを使いました。
ブランド名：ビタントニオ
商品名称：ヨーグルトメーカー（VYG-60-I）

衰退期に入っても、乳酸菌が生きていれば、「リフレッシュ」を行うことで、成長期→安定期のライサワー種に復活する。どのくらい乳酸菌が生きているかにより、リフレッシュを何回か繰り返す必要が生じることもある。ライサワー種の活性化は、気泡の大きさや数で確認できる(P.7参照)。

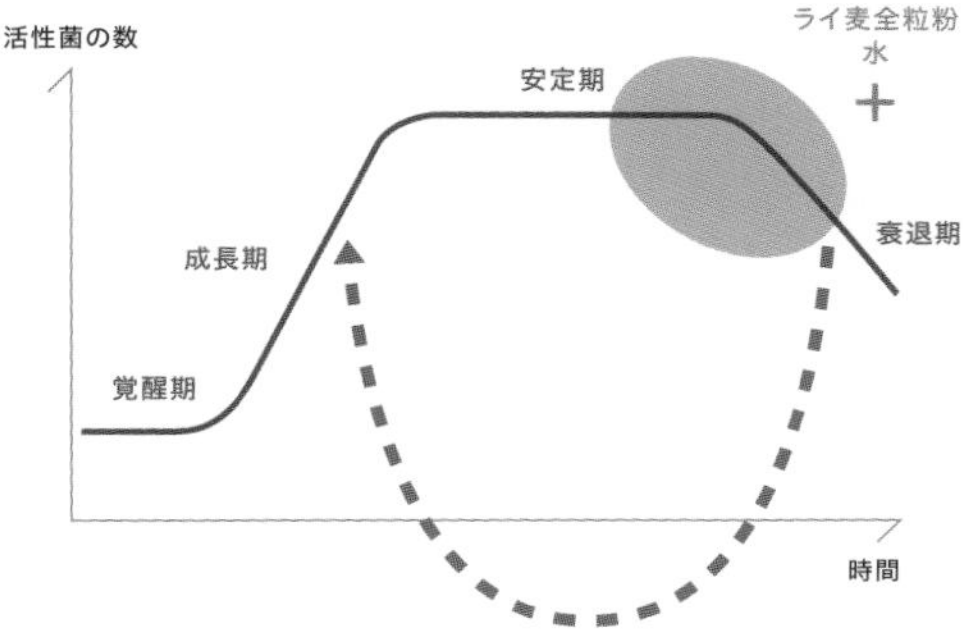

シード類はいつ入れるのか

ストレート法・型詰めオーバーナイト法

生地を混ぜる工程が一回なので、シード類を除く材料を混ぜて、次回分のライサワー種を取り分けた後、シード類を加えて生地を仕上げます。この工程では、気温によって発酵時間が2時間前後になることもあるので、シード類がしっかり浸水しない場合もあります。シードを入れる時は、型詰めオーバーナイト法を使うと、シード類もしっかり浸水できるので消化のよいロブロが期待できます。

計る

混ぜる

寝かせる(発酵)

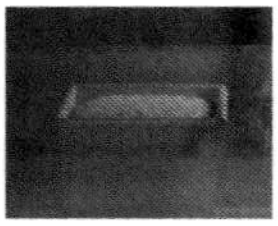
焼く

焼き上がり

次回のライサワー種
として取り分ける

好みのシードを加える

中種法

中種を用意する時、別のボウルにシード類（と粗めのライ麦粒など）を入れて、中種と同じように浸水させます。

シード類を10時間以上浸水できるので、消化のよいロブロが期待できます。

計る

混ぜる

寝かせる(発酵)

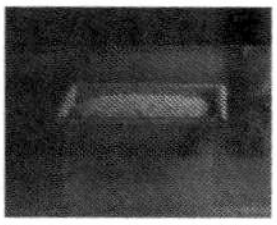
焼く

焼き上がり

好みのシードを加える

ライサワー種の作り方

ライサワー種は、ライ麦全粒粉と水から作ります。

糠漬けと同じで、空気を含ませ、まめに手入れを行うことで、乳酸と酢酸のバランスがとれた、安定したサワー種が育ちます。

雑菌の繁殖を防ぐために、塩や酢、はちみつなどを加えて育てる方法もあります。いずれも、最初の仕込みから使えるようになるまで、10日前後かかります。

初心者さんは、いつもロブロを焼いている人からライサワー種を分けてもらったり、ライサワー種を購入する形をお勧めします（P.111参照）。

既にサワー種をお持ちの方は、サワー種の倍量のライ麦全粒粉と水を同量加えて、10時間を目安に28℃の場所で気泡が大きくなるまで待ってからお使いください。小麦サワー種も、この方法で、ライサワー種に変換できます。

次の方法は、3日後から使えます。ヨーグルトの乳酸菌を利用するので、少し味に深みが欠けますが、比較的、容易に作れます。ロブロの深みのある味に到達するには、少なくとも数回、ロブロを焼きながら、ライサワー種を育てていく必要があります。

ライサワー種の作り方・簡易版

材料

<1回目>
- 塩 … 2g
- はちみつ … 2g
- ぬるま湯（36～37℃） … 100g
- 発酵乳（ヨーグルトなど） … 50g
- ライ麦全粒粉 … 100g

<2回目>
- ライ麦全粒粉 … 50g

作り方

1. ぬるま湯（36～37℃）に、はちみつを溶かし、ライ麦全粒粉を入れてよく混ぜる。
2. 軽く蓋をして、23～26℃くらいの温度で、一晩から1日ほど発酵させる。小さな気泡が生まれていたら、次に進む。
3. 2に、ぬるま湯とライ麦全粒粉を加えてよく混ぜる。
4. 軽く蓋をして、23～26℃くらいの温度で、一晩から1日ほど発酵させる。大きな気泡が生まれていたらよい。

24時間

24時間

私は、これを使いました。
ブランド名：ビタントニオ
商品名称：ヨーグルトメーカー（VYG-60-I）

ロブロ作りQ&A

Q1 ライサワー種が、レシピと比べて10g足りません。足りないままで焼いても大丈夫でしょうか？

A1 大丈夫です。ある程度でしたら、大雑把な計量でも焼けます。ただ、発酵時間が微妙に異なりますので、発酵状態をよく観察しましょう。

Q2 ライサワー種の代わりにイーストが使えますか？

A2 ロブロの風味や香りは、ライサワー種による発酵で作られます。残念ながら、イーストではロブロ独特の深みのある味になりません。

Q3 ライサワー種の気泡が小さいです。どうしたらいいですか？

A3 20～26℃の場所、もしくは、ヨーグルトメーカーを26℃に設定して、気泡が大きくなるまで発酵させてください。10時間経っても変化がない場合は、リフレッシュを行ってください。

Q4 砕きライ麦は雑穀ミックスに置き換えてもよいですか？

A4 置き換えることはできますが、味や食感が変わり、生地の形成にも影響します。ライ麦が発酵したロブロ独特の旨みも薄くなります。

Q5 ロブロを発酵させる時、28℃よりも高い気温です。どうしたらよいでしょう？

A5 気温が高いと、旨みが形成される前に発酵が進んでしまいます。生地を型に入れた後、野菜室か冷蔵庫で発酵させましょう。暑い時期には、型詰めオーバーナイト法が便利です。

Q6 ロブロを焼く時に型は必要ですか？

A6 はい、高加水の生地なので、型が必要になります。

Q7 蓋がない型でも焼けますか？

A7 はい、焼けます。耐熱ココットなどに50㎖の湯を入れて、ロブロの生地を入れた型の隣に置いて焼いてください。蒸気が加わることで、ロブロの表面がきれいな茶色になります。蒸気が多すぎると焦茶色になります。

Q8 食パン型を購入しようと思っています。購入する際に気をつけることはありますか？

A8 スチールにアルミメッキしたアルタイト製の型は、均一に熱が伝わり、焼けムラなどが起きにくいため、業務用として使われることが多い型です。使い込めば油がなじんで使いやすくなっていきますが、初めて使う時には空焼きが必要になります。空焼きの手間を省いたタイプとしては、シリコン加工とフッ素加工の型があります。いずれも型離れがよいので、家庭で使いやすいでしょう。フッ素加工は、シリコン加工に比べて耐久性に優れていると言われますが、発がん性の恐れのある有機フッ素化合物ＰＦＡＳ（ピーファス）が含まれています。ライサワー種で長時間発酵させるロブロの場合、ＰＦＡＳが生地に溶け出る恐れがあることに留意するよう教わりました。ご家庭では型抜けがよいことは魅力的だと思いますので、ご自身のライフスタイルに合った形をご検討ください。

Q9 生地がなかなか膨らみません。どうしたらいいでしょうか？

A9 18℃以下になると、発酵が遅くなります。20～26℃の場所を探すか、オーブンに発酵機能がついていれば、（できれば28～29℃）30℃設定で一時間くらい、生地が2㎝持ち上がるのを目安に発酵させてもよいでしょう。風が通り抜けするところも生地が膨らみにくいので、温度が安定しているオーブン庫内は便利です。オーブンを別の料理にお使いの直後は、庫内の温度が高すぎます。オーブン庫内が20～26℃に戻ったのを確認してからご利用ください。

Q10 表面が白っぽく焼けました。どうしてでしょう？

A10 私は焼く前に表面をたっぷり水がついた手で何

度かなでると表面がきれいに仕上がるという経験則を持っていました。ロブロ研究の第一人者ハンセン先生によると、オーブンにロブロ生地が入った型を入れる際に、50㎖の湯を入れた耐熱カップ（ココットでも）を入れると、湯から発生する蒸気が、ロブロの表面にメイラード反応をもたらし、きれいな茶色の表面になるのだそうです。適切な量の蒸気が大切で、ロブロの表面が焦げた感じになるのは、蒸気が多いことで起こるのだそうです。ロブロを食パン型に入れ、最初の1時間、蓋をして焼くと型の中で自然に蒸気が発生するため、きれいな茶色に仕上がります。庫内に湯を入れた耐熱カップを入れる必要もありません。

Q11 どうして焼きあがってすぐにキッチンクロスで包むのですか？

A11 清潔なキッチンクロスが大前提ですが、焼きたてのロブロを包むことで、ロブロに触れる布への殺菌効果が期待できること、ロブロの乾燥を防ぐ効果があると教わりました。

Q12 ロブロをスライスしたら、上部に空洞ができていました。どうしてでしょう？

A12 過発酵の生地を焼くと、トップのクラストとクラムの間に空洞ができます。特に暑い時分には発酵の進み方が早いので、見極めを大切にしてください。

Q13 翌日、カットした時にクラムがナイフにくっついて残ります。食べてみると生っぽい感じはありませんが、クラムは水分が多くてペタッとしている感じです。これでよいのでしょうか？

A13 中心温度が98℃になっていれば大丈夫です。ロブロのクラムは、落ち着くまでに時間がかかります。シード入りロブロは焼いた翌日にはきれいに切れます。ライ麦１００％で作る基本のロブロは翌々日になるときれいに切れます。

Q14 ロブロは、どのような保存がよいでしょうか？

A14 室温が18～25℃の場合、常温で10日ほど保存できます。清潔な綿製のキッチンクロスに包んだ保存をお勧めしています。グラシン紙に包んで保存される方もいらっしゃいます。一本食べ切るのに一週間以上かかるなと思ったら、最初の数日は常温で楽しんで、その後、冷蔵庫にキッチンクロスに包んだ状態のままで食品用のビニール袋に入れて冷蔵庫で保存してもよいでしょう。日本の湿気の多い梅雨の時期や暑い夏にも応用できます。ロブロをそのままビニール袋に入れておくと、袋の中に水滴が発生し、カビの原因になることがあります。冷蔵保存の場合、あらかじめスライスしておくと、味が抜けがちです。スライスはお召し上がりになる時をお勧めします。スライスしておきたい場合は、一枚ずつ取り出せる形での冷凍がよいでしょう。冷凍したロブロは、そのままトーストでき、トーストしたてはライ麦のコクや香りが戻ります。

Q15 この頃、どういうわけかロブロが美味しく焼けません。ロブロの旨味がなく、酸味を最初に感じます。どうしたらよいでしょう？

A15 乳酸と酢酸のバランスに変化が生じたと思われます。こねあげ温度28℃を目安にしていますか？ 酸味の少ないロブロを焼きたい場合、活性状態のよいフレッシュなライサワー種を使い、発酵時間を見直しすることも大切です。まず、お使いのライサワー種をリフレッシュしてみましょう（１１５頁参照）。

Q16 どうしたらロブロを上手に作れるようになるでしょうか？

A16 ロブロを仕込む環境やその時の生地の状態をよく知ることは、ロブロをおいしく作る第一歩です。その日の仕込み状況やできあがりをメモしておくと、振り返りに便利です。また、天気や気温、湿度をメモしておくと、一年の変化にも気づくことができます。日本は四季の温度差や湿度の差が激しいので、冬と夏では、仕込みに差が生じます。その対応がわかっていると便利です。

第六章
ロブロとスモーブロ

ロブロとスモーブロは切っても切れない関係で、同じくらい長い歴史があります。この章では、ロブロと寄り添うように存在してきたスモーブロの定義や種類、歴史、逸話などをご紹介します。

スモーブロって？

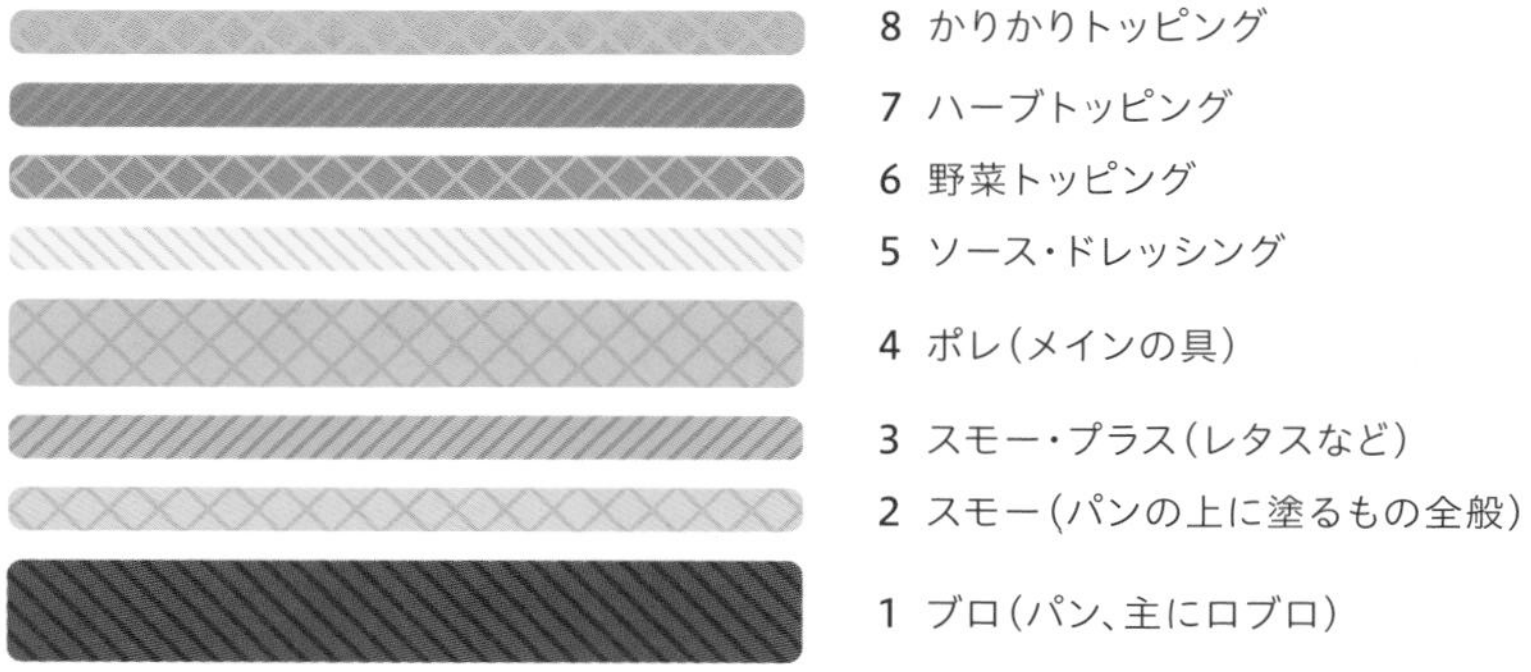

P.159も合わせてご覧ください

註）PÅLÆG「ポレ」を直訳すると「〇〇にのせるもの」。スプレッド、卵、肉、魚、野菜など、ロブロにのせるメインの具の総称

「スモーブロ」は、「スモー」と「ブロ」からなる単語です。「スモー」はパンに塗るもの全般、「ブロ」はロブロを指しますので、「スモーブロ」は、「何かが塗ってあるロブロ」という意味になります。シンプルな形から芸術的なものまで、いろいろなスタイルのスモーブロが存在します。

ここでは、現代のスモーブロを8種類のパーツに分類してみました。底辺にお皿がくると想定し、下から上にそれぞれのパーツが重なるイメージです。8種類のパーツがすべて揃う必要はなく、①ブロと②スモーがあれば、基本のスモーブロになります。パーツが多いほど下準備が増えますが、さまざまなテクスチャーや味覚の組み合わせによって、繊細で複雑な表現が可能になります。123頁では、それぞれの具材の分類を示しています。

ロブロとバターのスモーブロ。「梅干しとごはん」のような組み合わせ

ロブロとバターは、永遠の組み合わせ

卵とトマトのスモーブロ

ロブロ・バター・ゆで卵・トマト・フェンネルのマリネ・胡椒草・ピーナッツ

海老と卵のスモーブロ

ロブロ・バター・レタス・えび・ゆで卵・マヨネーズ・玉ねぎ・ディル・胡椒

スモーブロ・カテゴリー分類

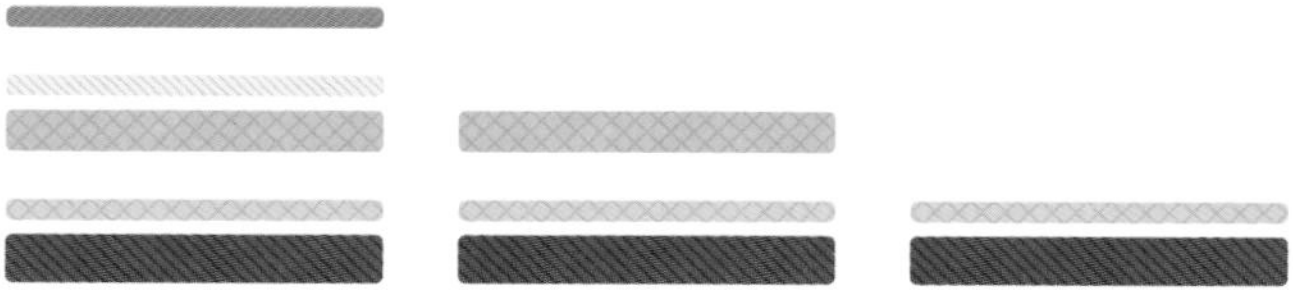

**普段の
スモーブロ**

フォークとナイフで食べる
½枚 2〜3品が標準
定番ランチ・手軽な夕食
時短ごはん

**シンプル
スモーブロ**

手で食べる
シンプルな食事に
お弁当やピクニックに
幼稚園の給食に

**基本の
スモーブロ**

手で食べる
小腹が空いた時に
軽い食事に

おうちスモーブロ

食事の所要時間

短い

お祝い スモーブロ

フォークとナイフで食べる
10品前後
スモーブロが基本
好きなものを好きなだけ
各々が組み立てる
P.72、P.136 参照

スモーブロ レストラン

フォークとナイフで食べる
2～3品が基本
好みで組み合わせる
プリフィックスあり
スモーブロのコース
P.75、P.134 参照

カフェ スモーブロ

フォークとナイフで食べる
カフェランチ
一品のボリュームがある
P.75 参照

テイクアウト スモーブロ

フォークとナイフで食べる
ピクニック
宅配ごはん
イートイン
P.74、P.130 参照

お祝いスモーブロ

そとスモーブロ

長い

スモーブロの変遷

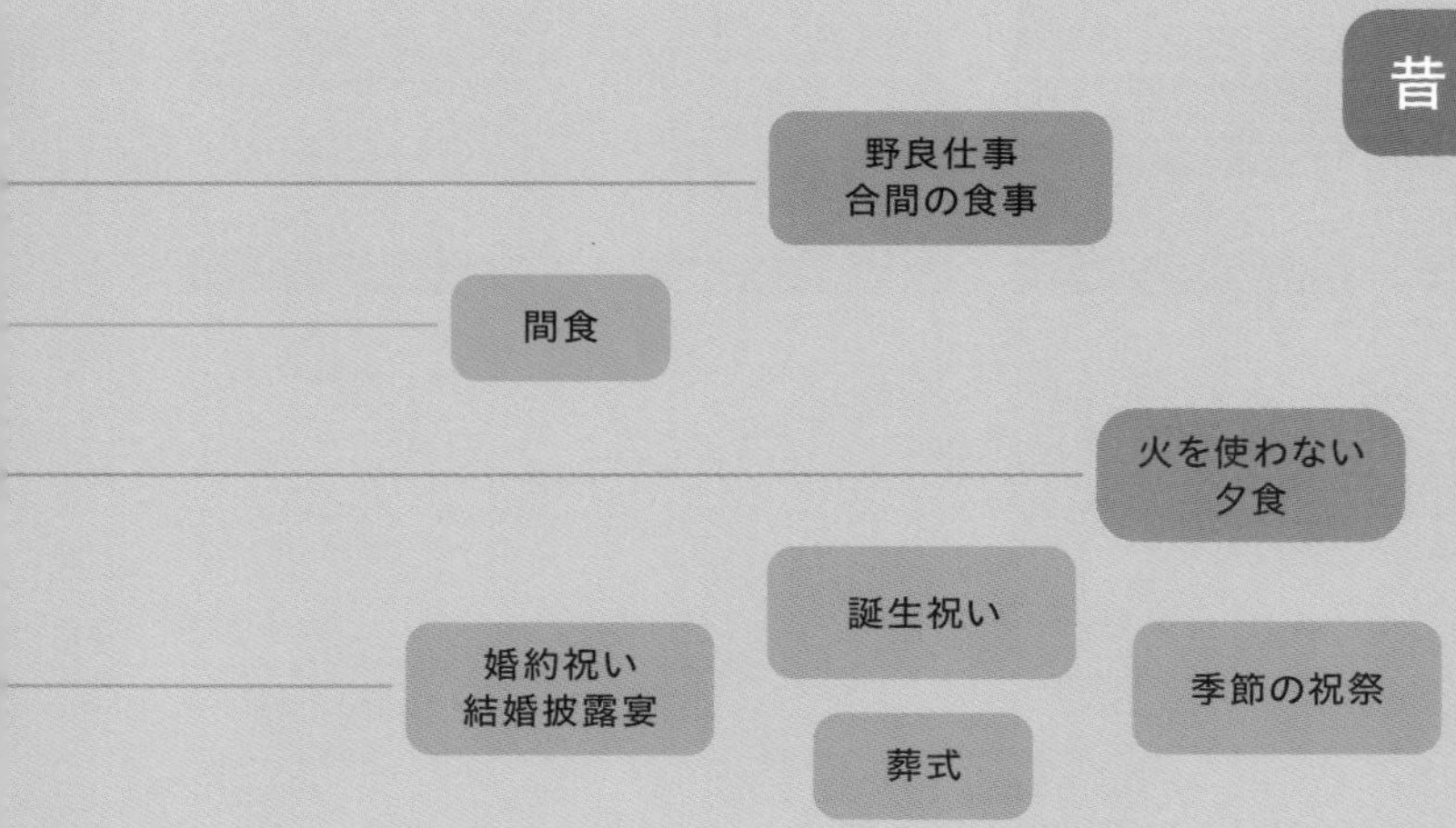

昔、厚切りのロブロは皿代わりに使われました。料理はロブロの上に置かれ、その料理を食べているうちに硬かったロブロが柔らかくなり、最後に料理の味が染みたロブロを食べていました。このロブロに料理をのせて食べるスタイルには、スモーブロの原型を感じます。

農村社会では正午に家に帰って温かい食事を食べる慣習があり、スモーブロは野良仕事の合間の軽い食事として使われていました。産業社会への移行により、スモーブロは工場などの勤め先に持参する食事として一般化し、昼食としての地位を築きました。街では、スモーブロ弁当を売るスモーブロ屋さんが出現しました。7時から14時という営業スタイルでお昼のテイクアウトができるスモーブロ屋さんは現存しています。近年、デンマークでは、福利厚生の一環として職場が昼食を用意することが多くなっていますが、小・中学校では給食が一般化されていないため、スモーブロ弁当が引き継がれています。

野良仕事の合間に食べていたスモーブロは、その役割を失うことはなく、今も小腹が減ると手軽にスモーブロを食べる習慣が残っています。また、腹持ちがよく、時間をかけずに用意できるので、忙しい朝に基本のスモーブロを頬張って家を出るロブロ愛好者もいます。

昔、燃料の調達も加熱調理も大掛かりな準備を要したため、火を使った料理

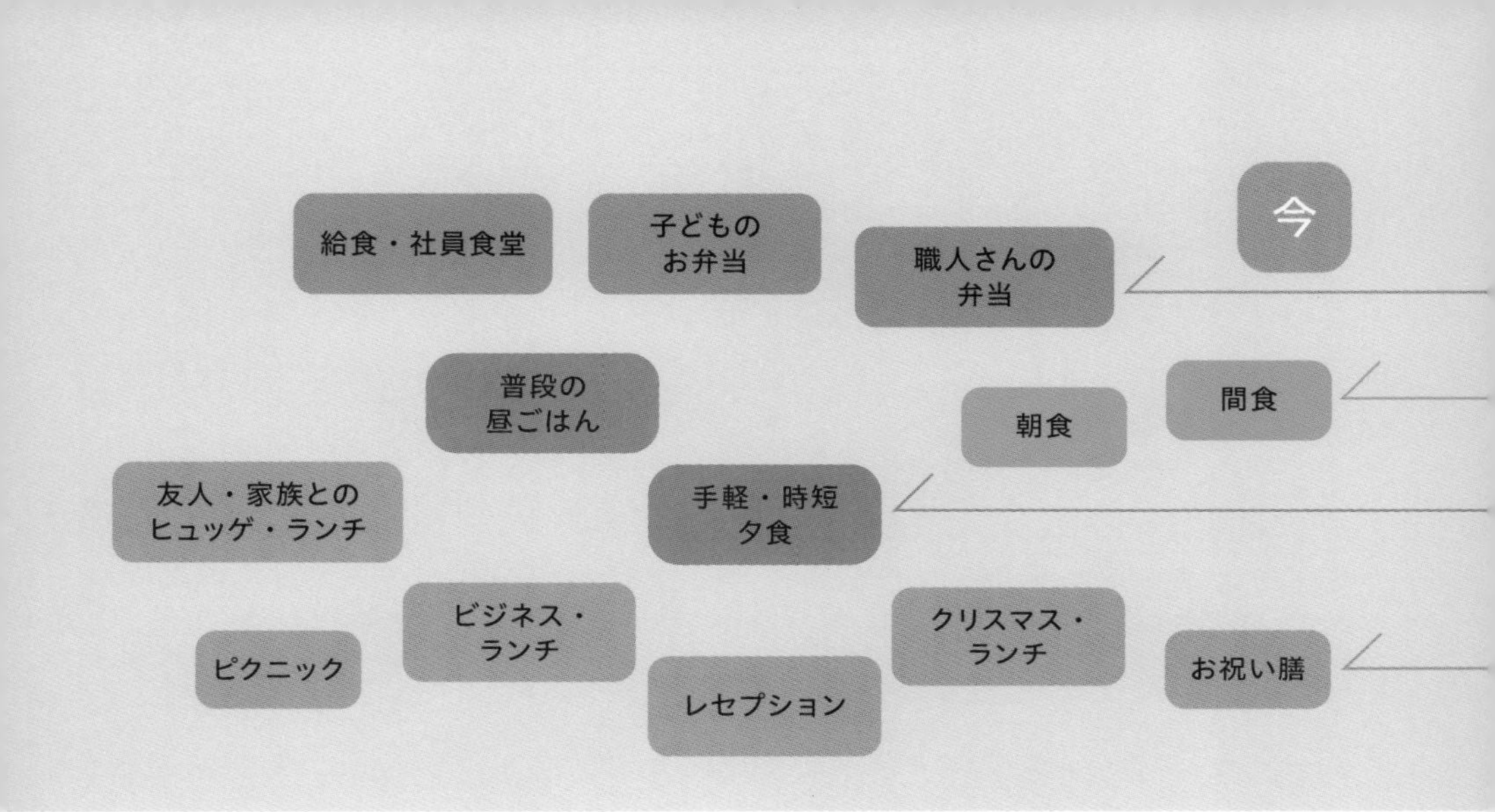

は一日に一度が基本でした。お昼に温かい料理を作り、夕食には、ロブロと昼食で用意したものでスモーブロとして食べていました。今でも、普段の食事としてのスモーブロの準備には火を使わないことが一般的です。家庭での昼食はスモーブロが定番なのも、最も頻度が高い夕食献立としてスモーブロが君臨しているのも、食材があれば、手軽に用意できるメリットがあるからでしょう。みんなが好きという要素も大きいと思います。食事を楽しく囲むことに優先順位を置くお国柄を感じます。

かつて、村中で祝っていたハレの席では、みなで歌い踊り賑やかに過ごす合間に食べる食事としてスモーブロが重宝されました。ロブロやロブロの上にのせる食材を農家のおかみさん達の持ち寄りで集め、おかみさん達は、前日からハレの席に集まる人々にたっぷりと行き渡るスモーブロを用意していました。スモーブロのメリットは、作り置きができること。前日から仕込み、涼しいところで保存すれば、料理を準備する人たちもハレの席を楽しむことができたのです。ハレの席でのスモーブロは、今もクリスマスや復活祭のお祝いなどで使われ、人生の節目の行事や、レセプションや忘年会などにも展開されています。また、集まって楽しく過ごすという観点から、家族や友人とのピクニックや外食としてのスモーブロも、このカテゴリーに類します。

日常的なスモーブロ

スモーブロは日常の食事に便利です。はちみつやバターを塗った基本のスモーブロや、チーズをのせたシンプルなスモーブロは、朝、手早く用意でき、お昼までの腹持ちは格別です。お昼は、ロブロ½枚のスモーブロ3枚というスタイルが定番中の定番。そして、デンマークで最も頻繁に登場する夕食の献立もスモーブロです。

何もしたくないとき、ライ麦全粒粉のロブロを使ったスモーブロには安心感があります。また、タンパク源と野菜を手早くさまざまな形で組み込みやすいメリットも。テーブルに食材を並べたら、手巻き寿司のように好みのスモーブロを自分で組み立てる作業も楽しい時間です。家族揃って楽しく夕食を囲むことに優先順位を置くデンマーク人には、スモーブロは理にかなった献立なのでしょう。

乳児のスモーブロ・デビューは、柔らかいクラムだけのロブロにバターを塗ったもの。赤ちゃんの頃から食べ慣れているバターを塗ったロブロは、誰にも身近な存在です。小学校に入るまでは給食が一般的で、多くの施設で、週一回、スモーブロが用意されます。小・中学校では給食が普及していないので、お弁当を持参します。定番はシンプル・スモーブロを組み合わせたスモーブロ弁当。午前の休憩でお腹が空いていたら、まず一枚。お昼にも一、二枚を食べ、午後の休憩や学童で、何回かに分けて残りを食べます。生野菜やフルーツやナッツもスナック的に食べる、そんなお弁当です。病院やシニア施設などでも、スモーブロは定番です。

近年、スモーブロはパワーアップした感があり、カフェでもスモーブロが人気メニューになっています。地元感と季節感を意識した食材を組み合わせたスモーブロは、素材にこだわり丁寧に作られたロブロとともに、伝統を大切にする層だけではなく、健康を意識する層、美食を愛する層にも高く評価され、若い世代からも支持を得ています。また、プラントベースのスモーブロにも環境保護を意識する社会の中で注目されています。

子どももスモーブロが大好き。小さな子どもは手で食べる
3歳くらいから自分で素材を選んで組み立てるのを好むようになる

1

2

1.最近注目を浴びているプラントベースのスモーブロ　2.シュタイナー幼児教育施設でのスモーブロ給食。さまざまな取り組みが展開されている

最も頻繁な夕食献立もスモーブロ。栄養的にも優れた天下一品のファストフード。家族との時間が楽しめます

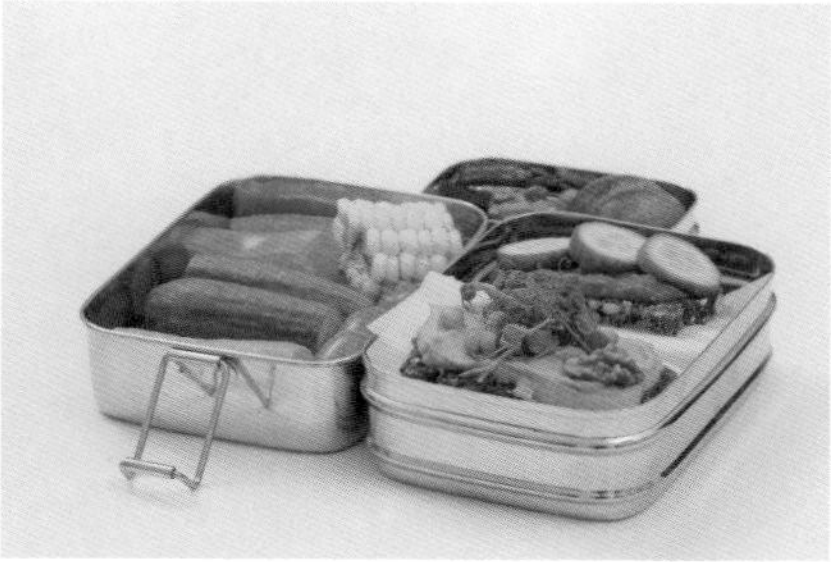

子どもが学校へ持参するスモーブロ弁当

カフェ・スモーブロ。一品で満足できるボリューム

職人さんのテイクアウト弁当。½枚ベースで4種類のスモーブロ

テイクアウト・スモーブロ

農村社会から産業社会への移行により、それまで村で農業に携わっていた人々の多くが、街に移り住み、工場などで働く形態が出現しました。農作業の合間に家に戻り、正午に食べていた温かい食事は、みなが家に戻れる夕食に移行しました。

お昼にはスモーブロを職場に持参するようになり、お弁当を持たない人々に向けて、駅弁のようにスモーブロを売る屋台が出現しました。

この屋台をルーツにしたスモーブロ屋は現存し、職人さんなどがハンディなお昼として利用しています。伝統的なスモーブロ屋でのスモーブロは、比較的、単価がリーズナブルで、ロブロ½枚ベースのスモーブロを3～4枚という注文の仕方をします（65頁参照）。

デンマークには、シェフとは別にスモーブロを作る専門職が存在し、少し前までは「スモーブロ婦」と呼ばれていました。ジェンダー差が少ないことで世界トップを誇るデンマークの過去を感じる名称で、現在は、ケイターと呼ばれています。

近年、スモーブロは新たな展開を始めており、これまでのスモーブロ屋とは異なる形態のスモーブロ・デリが進出しています。

伝統的なスモーブロ屋はお昼のテイクアウトが中心で、7時から14時くらいまでの営業時間ですが、スモーブロ・デリでは、デンマークでの夕食時間18時が配慮された10時から19時までの営業時間で、宅配にも応じています。また、食材と季節へのこだわりを前に打ち出している傾向があります。イートインコーナーの併設も手軽にスモーブロが楽しめる嬉しい機能です。

人気のカフェでも食材と季節のこだわりを意識したスモーブロが用意され、テイクアウトにも応じているところもあります。スモーブロ・デリやカフェでのスモーブロは概して単価が高く、厚めに切ったロブロ一枚の上にたっぷりと食材をのせたスタイリッシュなスモーブロを一枚食べる形が基本。日常に少し特別感を与えたい時や気の置けない友人とのひとときなどに利用します。

スモーブロが昼食に使われ始めた頃に登場したスモーブロ屋台。
駅弁のような存在だった

人気のスモーブロ・デリ。イートインもできる

スモーブロは、ピクニックにも便利

1

2

3

4

5

1.スモーク・サーモンのスモーブロ　2.デンマーク式ハンバーグ「フリカデラ」のスモーブロ　3.ゆでじゃがスモーブロ　4.デンマーク式ローストポーク「フレスケスタイ」のスモーブロ　5.テイクアウトできるスモーブロ

おもてなし料理とスモーブロ

19世紀後半は、農村社会から産業社会への移行期で、スモーブロにも大きな変化をもたらしました。首都コペンハーゲンは産業の発展とともに人口も急速に増加し、商人や工場経営者、実業家が頭角を表すようになりました。

彼らは財産や実力を得た一般市民、いわゆるブルジョア層として、新しい社会でのアイデンティティが必要でした。ネットワークづくりを目的とした社交が重要な意味を持ち、外食だけではなく、それぞれの邸宅での夜会が頻繁に繰り広げられました。

この時代のおもてなし料理は、ロブロの上に美しく飾るという手法に応用され、どのようにスモーブロを美しくおいしく用意するかが人々の関心の的となりました。普段のスモーブロにはラードを塗ったロブロ、村のみなが集まるお祝いの席には、持ち寄りの自家製チーズやバター、塩糖漬け巻き肉の薄切り（76頁参照）などをロブロにのせるというシンプルな形態のスモーブロに、おもてなし料理をロブロにのせた華やかなスモーブロが加わったのです。じゃがいもの台頭で、夕食から姿を消す傾向にあったロブロは、華やかなスモーブロの影なる主役として、新しい役割を担うことになりました。

その後、華やかなスモーブロは、2回に渡る世界大戦中の食糧難で、さらなる変化を遂げます。配給制の中、倹約が謳われ、自家菜園で野菜やくだものを採取し、鶏を育てて卵を確保していた時代、余った夕食をどのように昼食に展開させるか、菜園で採れた食材をどのように使うかが注目されました。「イタリア風サラダ」（１６０頁参照）や「ロシア風サラダ」（１６９頁参照）や「卵サラダ」（１６３頁参照）は、この時代に生まれ、現在もスモーブロのパーツとして使われています。

また、戦後、経済成長に伴い、おもてなし用のスモーブロはロブロがすっかり隠れるほど具をのせるスタイルが定着していましたが、今世紀に入り、ロブロの上にはたっぷりのせるけれど、ロブロのクオリティがわかるように、ロブロのサイドを見せる飾り方も普及しています。

「フレスケスタイ」スモーブロ
きゅうりの甘酢和え・紫キャベツの甘酢漬け

デンマークのローストポーク「フレスケスタイ」・紫キャベツの甘酢煮・紫キャベツのサラダ・煮りんご

「魚のフリカデラ」スモーブロ
レムラードソース・胡椒草

鱈などの白身魚で作るハンバーグ「魚のフリカデラ」・季節のゆで野菜・パセリとバターのソース

「塩糖漬け仔牛胸肉の煮込み」スモーブロ
レタス・ピクルス入り西洋わさび風味のクリーム

塩糖漬け仔牛胸肉の煮込み・季節のゆで野菜・西洋わさびのソース

「豚ロースハム」スモーブロ
レタス・イタリア風サラダ・豆苗

豚ロースハム・季節のゆで野菜・バターソース

スモーブロ・レストラン

首都コペンハーゲンでは、19世紀後半にスモーブロに特化したレストランが出現しました。当時のおもてなし料理をロブロに美しく飾りつけるスモーブロには専門技術を要することが多く、スモーブロやオードブルなどの火を使わない料理を専門に用意する「スモーブロ婦」という職業が生まれました。

華やかなスモーブロは「スモーブロ婦」の手によってレストランやスモーブロ屋で作られるようになり、一般に広まっていきました。いくつものパーツからなるスモーブロは、今日、「スモーブロ」の代名詞となっており、カフェやデリなどでも気軽に楽しめますが、真骨頂はスモーブロ・レストランでのコースとして楽しむ料理です。

伝統的なスモーブロ・レストランは、お昼前から16時辺りまでの営業で、ランチ・レストランとも呼ばれています。ランチ提供をスモーブロに特化した美食系レストランも存在します。スモーブロをコースとして楽しむ場合、一人2品以上を注文するのが基本です。とある老舗スモーブロ・レストランでは『2品で空腹を満たし、3品で満腹、4品では笑顔でお開き』と紹介されています。これに、食後のコーヒーや紅茶、デザートが加わります。

メニューは「にしん」「魚・えび」「肉」「鶏・野菜」「チーズ」という分類だったり、「冷たいスモーブロ」と「温かいスモーブロ」という分類だったり。冷たいは、常温を意味します。一般的には「にしん」でスタートし、魚から肉に進み、チーズで終わります。魚で終わっても大丈夫ですし、肉抜きで鶏や野菜に進むのはＯＫですが、チーズはデザートと一緒のカテゴリーで、3品目以降でないと選びません。複数注文しても、一品ずつ供され、順々に楽しみます。

スモーブロを体験する時には、カフェやデリで一品を楽しむか、スモーブロ・レストランで2～3品注文し、お腹の様子を見て、さらに注文する形がよいでしょう。不文律はありますが、御法度があるわけではないので、お店の雰囲気を楽しみながらおいしく食べるのが一番ですね。

スモーブロ・レストラン　Fru Nimb　Photo：© Tivoli

スモーブロ・コースの組み合わせ例

2人でそれぞれに好きなものを注文したスモーブロ・コースの例：A1+A2+A3+A4、B1+B2+B3

A1：にしんのマリネ・スモーブロ

A2：スモークサーモン・ゆでじゃが・スモーブロ

A3：魚のフリカデラ・レムラードソース・スモーブロ

B1：フライパン焼きにしん甘酢漬け・スモーブロ

B2：白身魚のフライ・レムラードソース・スモーブロ

A4/B3：ベリーを使ったデザート

お祝いスモーブロ

スモーブロは日常的な食事スタイルですが、ハレの日にも親族や親しい友人を招いてスモーブロで祝う習慣があります。「クリスマス・ランチ」はその典型例です。「クリスマス・ランチ」は、複数の意味を持ち、一つはスモーブロ・レストランでの12月メニューで、忘年会などに使われます。企業をはじめとする忘年会も「クリスマス・ランチ」と呼ばれますが、お祝い料理としてのハイライトは、クリスマスの祝日の13時くらいから始める午餐です。親族と一緒に過ごすのが基本で、クリスマス・イブの晩餐と同じ顔ぶれに親しい友人が加わったり、クリスマス・イブを一緒に過ごせなかった親族と集まったりと、それぞれの家族にそれぞれの習慣があります。

スタートは13時頃、終わるのは早くて17時過ぎという長丁場の宴です。集まった人がゆっくりと一緒に過ごすひとときを楽しみます。10品前後の料理が並ぶので、それを楽しむために、午前中に長い散歩をする習慣があるくらいです。料理を分担して持ち寄ることも一般化しています。

献立は、にしん、えびや魚、鶏肉や野菜、肉料理、チーズというカテゴリー別に組み立てられ、順番に登場します。同じカテゴリーでも複数の料理が用意されることもあります。基本は常温ですが、温かい料理、できたて料理も登場します。

パンのメインは、もちろん、ロブロ。バリエーションを持たせるため、ライ麦と小麦で焼いたパンや小麦パンもパンかごに入っています。パンに塗るものは、発酵バターや、りんご、玉ねぎ、タイムなどで香りづけしたラードが主流。

宴の始まりは、必ず、にしんのマリネのスモーブロ。必ずロブロを合わせます。そして、アルコール度数30〜40%のじゃがいもで作られた蒸留酒「シュナップス」とビールが欠かせません。シュナップスとビールを交互に飲みながら、にしんのスモーブロを楽しみます。にしんを胃の中で泳がせないといけないからね、と数えきれないほど聞きました。「乾杯」はデンマーク語で「SKÅL（スコール）」ですが、最初だけでなく、途中で何回も行います。

全体のボリュームを考えながらパンの大きさを調節し、自分でスモーブロを組み立てます。一度に複数のスモーブロを作るのではなく、一品を食べ終わったら、次の一品という形で、同席の人との会話を楽しみ、みなでテンポを合わせながら、ゆっくりと進めます。豊かな時間が流れていきます。

コーヒーか紅茶を添えて、軽めのデザートや小さなチョコレート菓子で締めくくります。

・・・

138頁の献立は、実際に1970年から2010年あたりまでの約40年間に渡って、ある婦人が用意していたクリスマスのお祝い膳の献立です。温かい料理や作りたての料理も複数入っているので、これだけの料理を用意するのは大変な仕事だと思いますが、素晴らしい席だったことも容易に想像できますし、13時開始の会が、夜遅くなるまで終わらなかったということも納得できます。

今は、一緒のひとときを楽しむことが大切にされ、持ち寄り式のお祝い膳が一般的です。また肉料理の数も減ってきています。

お祝いスモーブロの始まりは、にしんのマリネがお約束

献立例

にしんのマリネ・カレー風味の卵サラダ ●・ロシア風サラダ ●

フライパン焼きにしんの甘酢漬け・紫たまねぎ

グラブラックス（鮭の塩糖マリネ）●■・ディル風味マスタードドレッシング ●■

えびとゆで卵・マヨネーズ・胡椒草 ■

白身魚のフライ・レムラードソース ●・胡椒草・レモン（温）

デンマークのローストポーク「フレスケスタイ」・紫キャベツの甘酢煮（温）▲

デンマークのハンバーク「フリカデラ」（温）▲●・ビーツの甘酢漬け●・きゅうり甘酢マリネ●

レバーパテ・マッシュルームのソテーとカリカリベーコン（熱）▲

豚すね肉の煮凝り・マスタード・ビーツの甘酢漬け・りんご ▲●

熟成チーズ・紫たまねぎ・胡椒草・ポートワインゼリー ▲■

ベールをかぶった農家の娘さん ●

■ 小麦ベースのパン OK
▲ パンにのせなくても食べなくても OK
● レシピ掲載（第七章参照）

註）スモーブロはロブロ½枚にのせるのが基本ですが、
上記のボリュームでは、¼サイズからスタートすることもできます。

1. にしんのマリネ・カレー風味の卵サラダとロシア風サラダ（ビーツとりんごのサラダ） 2. フライパン焼きにしんの甘酢漬け 3. グラブラックス（鮭の塩糖マリネ）・ディル風味マスタード・ドレッシング 4. えびと卵 5. 魚のフリカデラ（温）・レムラードソース 6. りんご豚（温）

ØRBÆK
Julestout
ØKOLOGISK
GYLDEN ALE
Isle of Møn
JULE

プラントベース・スモーブロの台頭

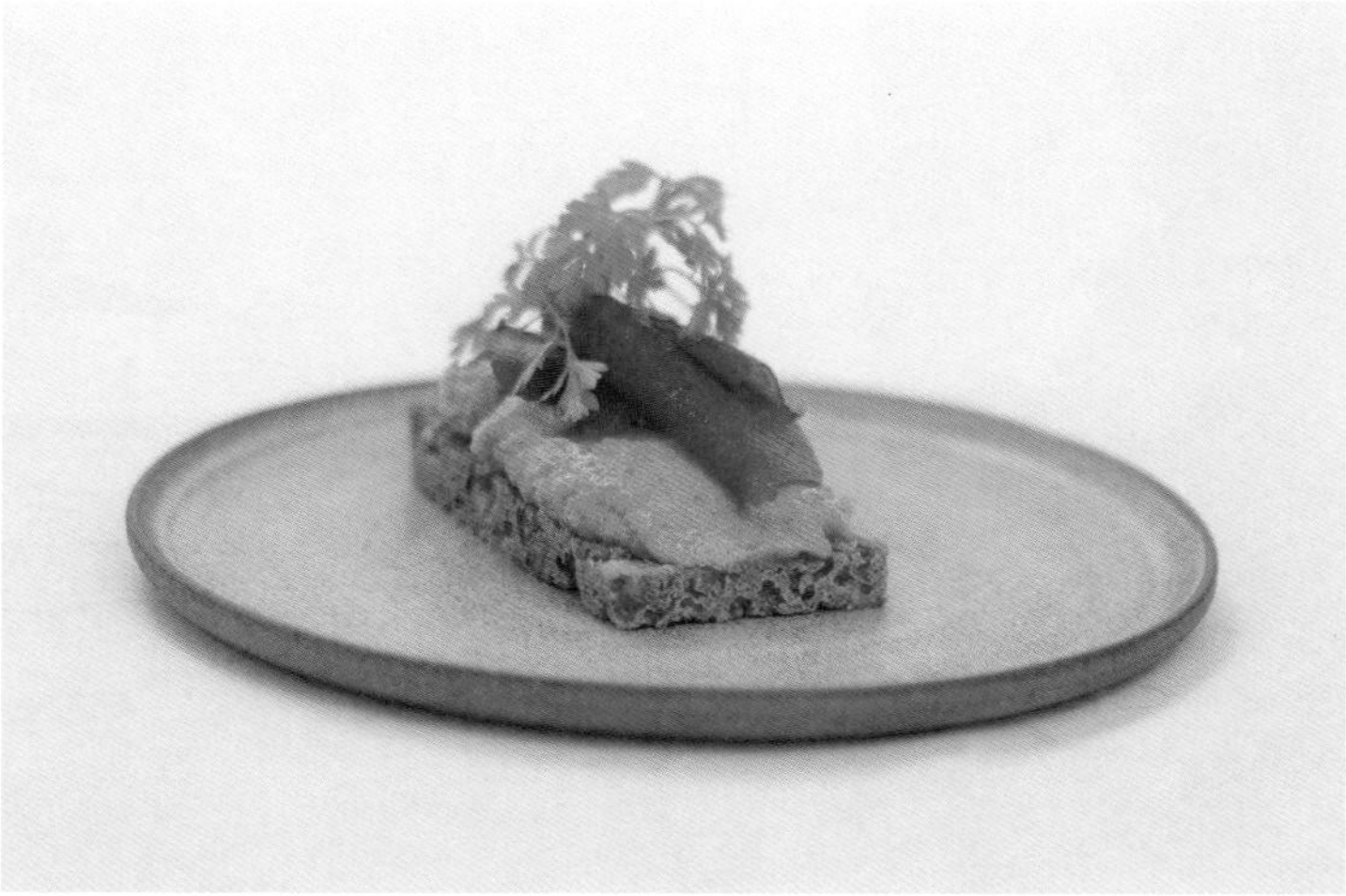

家庭でも作りやすいプラントベースのスモーブロ
ロブロ・ピンクの豆ペースト・ビーツの甘酢漬け、セルフィーユ

えんどう豆のスモーブロ

新じゃがいものスモーブロ

環境保護を意識した活動は、1970年代に始まりますが、ここ数年の持続可能を目指した取り組みには目を見張るものがあります。意識の高い層では、環境保護への取り組みが食生活にも反映されるようになっており、地産地消の実践や、プラントベースやミートフリーデーの導入も顕著です。

これまで、伝統的なスモーブロで使われる野菜は副菜的な役割が主流で、野菜メインのスモーブロは、ゆでじゃがやトマトなどに限られていました。

近年、美食系のスモーブロ・レストランでは、ローストやコンフィといった調理で野菜をメインにしたスモーブロが出現し、カフェやデリでもプラントベースのスモーブロがメニューに加わっています。時代のニーズに迅速かつ柔軟に対応するデンマークの国民性は、スモーブロの発展にも感じることができます。

スモーブロのメリット

ロブロがあれば・・・

野菜とタンパク源を組み合わせてスモーブロに！！

あらかじめ準備できる

食卓でゆっくりした時間が持てる

手軽

火を使わない

見栄えがよい

時短

腹持ちがよい

食卓に並べるだけで食事ができる

滋養に富む

（材料があれば）準備も後片付けも簡単

ワンプレートで完結

おもてなしに使える

（材料があれば）誰でも準備できる

栄養バランスがとりやすい

家族との時間が持てる

おもてなしに　気軽な集まりに　日常のごはんに　おやつに

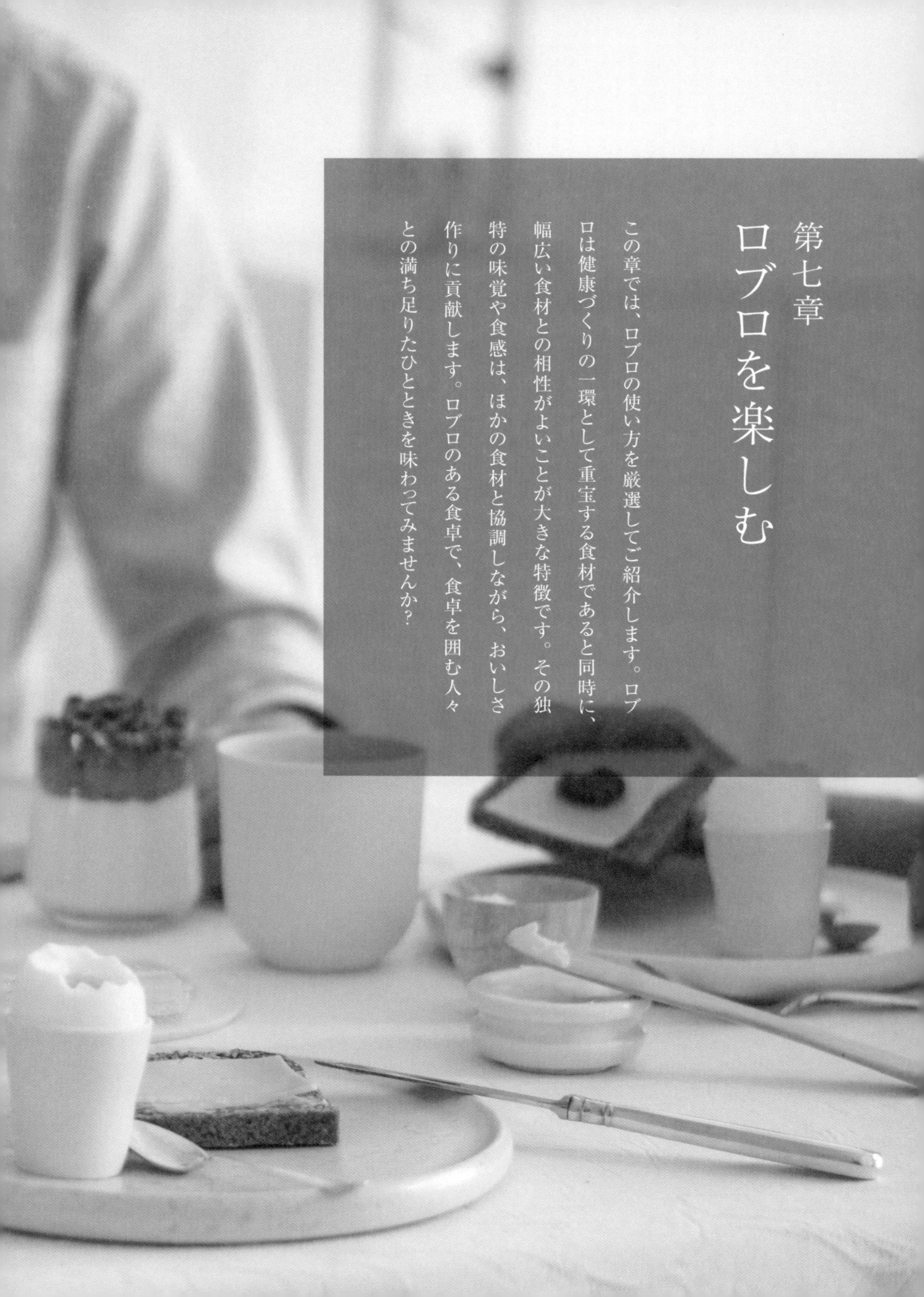

第七章 ロブロを楽しむ

この章では、ロブロの使い方を厳選してご紹介します。ロブロは健康づくりの一環として重宝する食材であると同時に、幅広い食材との相性がよいことが大きな特徴です。その独特の味覚や食感は、ほかの食材と協調しながら、おいしさ作りに貢献します。ロブロのある食卓で、食卓を囲む人々との満ち足りたひとときを味わってみませんか?

ロブロの楽しみ方いろいろ

この章では、ロブロを使ったレシピを楽しみ方別にご紹介します。

シンプルに楽しむ

朝ごはんで楽しむ

おべんとうで楽しむ

料理と楽しむ

飾って楽しむ

スイーツとして楽しむ

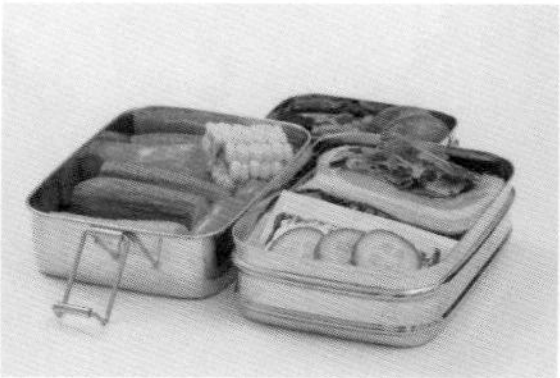

シンプルに楽しむ

ラズベリー・ジャムは、我が家の常備品。夫が午後に楽しむコーヒーのおともは、
ラズベリーや黒すぐり（カシス）をたっぷり塗った½枚サイズのロブロが定番

ロブロの一口バターサンド

ロブロ・ダークチョコレート・ラズベリー

ロブロ・グリーンペースト・豆のペースト（フムス）・きゅうり

ロブロ・はちみつ・ごまペースト

ぱりぱりロブロ

クラッカータイプのおやつやおつまみになります。

作り方

1. ロブロを、手を切らないように薄くスライスする。目安は2〜3㎜厚。
2. お好みで、オリーブオイルや太白ごま油を薄く塗る。(省略可)
3. 150℃に予熱したオーブンで、50分を目安に、カリッとするまで焼く。

ぽりぽりロブロ

おやつ、スナック、クルトンとして使えます。

作り方

1. ロブロを1〜1.5㎝角のサイコロ状に切る。
2. 角切りロブロをボウルに入れ、オリーブオイルや太白ごま油を少々加え、スプーンでまぜながらオイルを全体に薄く行き渡らせる。(省略可)
3. 150℃に予熱したオーブンで、50分を目安に、カリッとするまで焼く。

「ぱりぱりロブロ」と「ぽりぽりロブロ」への共通した補足

- お酒のおつまみには、フレーク塩やお好みのハーブを加えてもよいでしょう。
- 小さな子ども向けには塩の添加をお控えください。
- ロブロを焼いた後など、オーブンの余熱だけでも作れます。

保育園や幼稚園でも、ロブロは安心食材の一つ。
滋養があり、血糖値の安定に貢献するばかりではなく、
よく噛んで味わうことが学べる

ぱりぱりロブロ、スナック野菜、豆のペースト(フムス)
ぱりぱりロブロやスナック野菜にフムスをつけながら食べる

朝ごはんで楽しむ

キャベツの巣ごもり卵・ロブロ・グリーンペースト
土曜日の朝、お昼辺りに起きてくるティーンエイジャーの息子がこよなく愛する朝ごはん。
環境保護への意識が高く、菜食を好む若者世代だが、この一品がある以上、ヴィーガンにはなれないらしい

ロブロ塩ハーブクランチ入り季節のサラダ

旬のフレッシュな野菜を上質のオイルと酢やレモン果汁で和えたシンプルなサラダ。

ロブロ塩ハーブクランチはスパイス的な要素と食感が楽しめる。甘味は季節のくだもので補う。

ロブロ塩ハーブクランチ

材料

- ロブロ生そぼろ（P.91参照）… 200g
- ナッツ … 50～100g
  （アーモンド、ヘーゼルナッツ、胡桃など）
- EXオリーブオイル … 20g（太白ごま油で代用可）
- 塩、お好きな乾燥ハーブ … 適宜
- （お好みで）ガーリックパウダー … 少々

作り方

1. バターもしくはオイルをフライパンで温め、ロブロ生そぼろと塩とハーブを加えて、中火で炒る。
2. よい香りがしてきたら、粗く砕いたナッツを加えて、さらに炒る。
3. さらさらの状態になったら火から下ろし、バットなどに広げて、粗熱をとる。
4. 完全に冷めたら、保存容器に入れて保管する。

ロブロ甘クランチをトッピング
発酵乳とりんご塩煮ピュレ

りんご塩煮ピュレ

作り方

1. りんご一個を角切りにする。
2. 塩ひとつまみと水大さじ1を加え、厚手の鍋で蓋をして中火で蒸し煮にする。
3. りんごに火が通ったら、レモン果汁を小さじ1加えて火を切り、蓋をしたまま、粗熱をとる。
4. フォークやすり鉢などでりんごをピュレにする。

赤いりんごの皮を入れて加熱した後、鍋に入れたまま余熱を通すと、きれいなピンクに仕上がります。

盛りつけ方

1. グラスに発酵乳を入れる。
2. りんごの塩煮ピュレを入れる。
3. ロブロ甘クランチ（P.171）を飾る。

発酵乳とりんご塩煮ピュレ
ロブロ甘クランチのトッピング

ロブロのグラノラ

材料（天板2枚分）

- ロブロ生そぼろ（P.91参照）… 200g
- オートミール … 100g
- ナッツ・シード … 75g
（アーモンド、ヘーゼルナッツ、ひまわりの種、パンプキンシード、ごまなど）
- 湯 … 大さじ3
- 黒砂糖 … 大さじ1（きび砂糖可）
- 溶かしバターもしくは太白ごま油など … 大さじ1（お好みで）

作り方

1. そぼろ状のロブロとオートミールを大きめのボウルに合わせる。
2. 大きめにカットしたナッツ・シードを加える。
3. 湯に砂糖を溶かして、ボウルに回すように加え、全体をよくなじませる。油脂を加える場合は、ここで加える。
4. 天板に3を重ならないように広げて、150℃に予熱しておいたオーブンで50分を目安に全体がカリッとするまで焼く。途中で2回全体を返すとムラなく仕上がる。
5. 完全に冷めたら、保存容器に入れて保管する。

グラノラを硬く感じる方は、ヨーグルトなどに浸して、一晩、冷蔵庫に入れておくと、食べやすくなります。

発酵乳・ロブロのグラノラ・季節のくだもの

ロブロのグラノラ

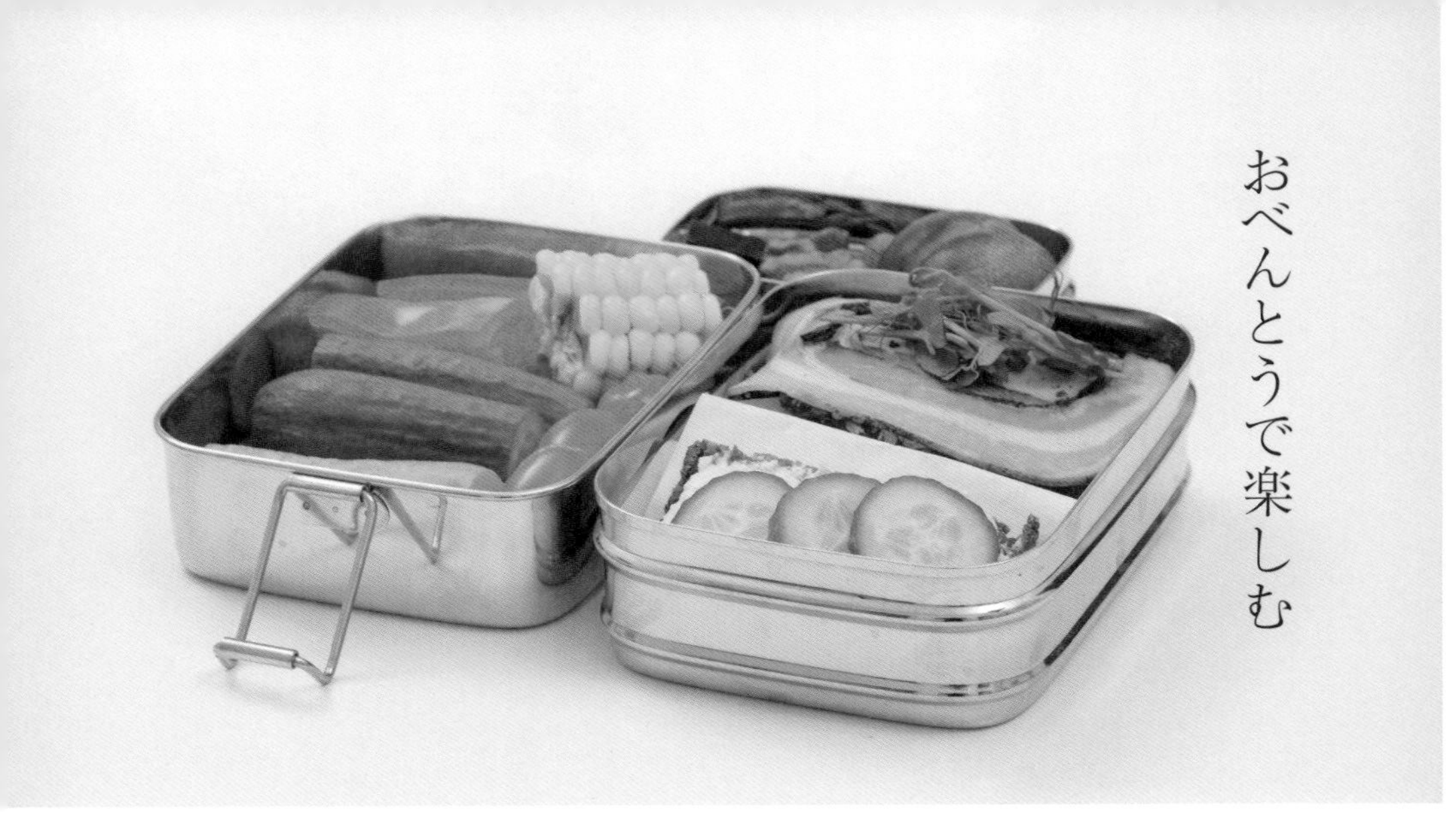

おべんとうで楽しむ

環境への意識が高くなっている昨今、プラントベース食品への関心は高く、商品開発には国を挙げて力を注いでいる
豆のペースト全般が「フムス」と呼ばれ、スーパーで簡単に買うことができる

おべんとう例

プラントベース

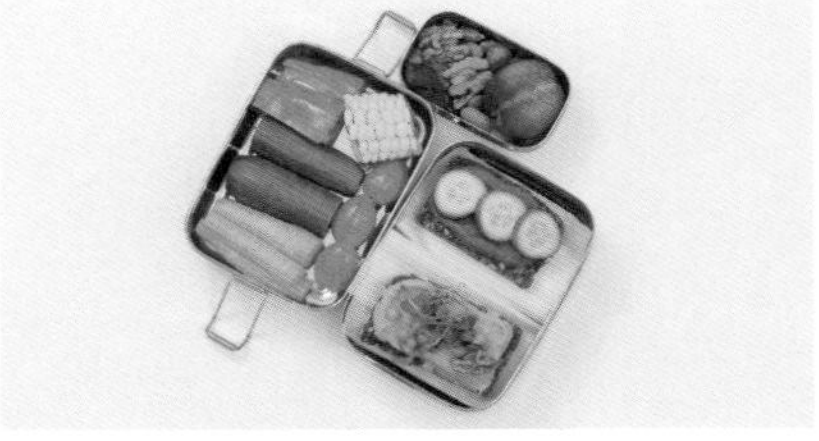

4種のスモーブロ。手前右から時計回りに、ビーツ入りの豆ペーストにきゅうり、パセリ入りの豆ペーストに豆苗、乾燥そら豆のペーストにパプリカ、オリーブのタプナードにアボカド

従来のタイプ

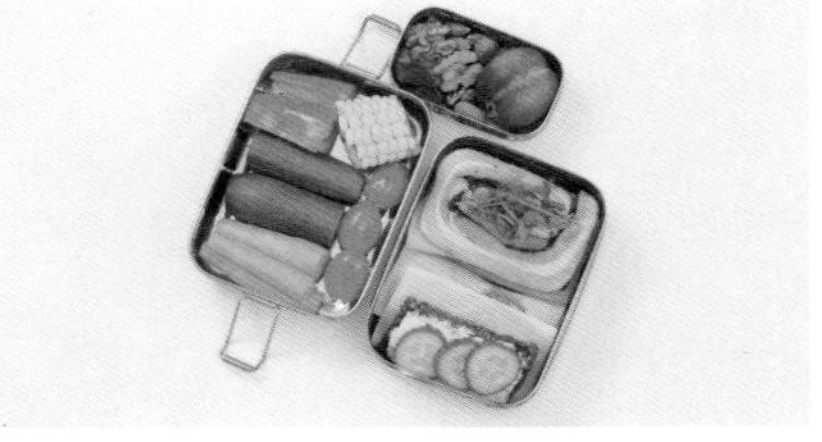

4種のスモーブロ。手前右から時計回りに、ハムにパプリカ、塩漬け巻き豚に胡椒草、レバーパテにビーツの甘酢漬け、クリームチーズにきゅうり

デンマークの弁当箱は、ロブロの大きさに合わせてデザインされていることが多い。写真は、ステンレス製の二段式弁当箱。

上段に 4 種のスモーブロ、下段に野菜スナックを入れている。奥は、ナッツとフルーツ。

おべんとう用のスモーブロは、手で食べやすいシンプル・スモーブロが一般的。

ロブロ・サンドを楽しむ

ロブロ・サンドは、野菜をたっぷりはさめるサンドイッチです。私は、常備している豆のペーストをベースに作ることが多いのですが、まずは、卵サラダやポテトサラダ、ツナサラダなど、いつものサンドウィッチの具をそのままお使いになってみてください。食パンとは異なる食感と味覚の発見があると思います。

ロブロ・サンドに使う材料。ここでは、すべてプラントベース
かなりの野菜を入れて携帯できるので重宝している

〈図解〉ロブロ・サンドの作り方と包み方

作り方

1. ロブロ2枚を並べる

2. 片方にグリーンペースト、もう片方に豆ペースト（フムス）を塗る

3. カットする向きを意識して、ズッキーニの蒸し煮を少しずらしながら置く

4. にんじんの甘酢和えを少しずらしながら置く

5. ロメインレタスを置く

6. もう一度、ロメインレタスを重ねる

7. サラダほうれん草を置く

8. グリーンペーストを塗っているロブロを重ねる

ロブロ・サンドは、カットした時の色合いや、口に頬張ったときの食感を考えながら組み合わせを考えます。

食パンと大きく違う点は、ロブロの個性や香り、食感を考慮する必要があることです。ロブロは食パンよりもボリュームがあるので、レタスをたっぷり使うと、バランスがとりやすくなります。

ロブロ・サンドは、グラシン紙などで包むと手で食べやすくなりますので、包み方も合わせてご紹介します。

ロブロ・サンドを横から見た様子

包み方

1. グラシン紙などの上にロブロ・サンドを置く

2. グラシン紙の両端を上に持ち上げる

3. 横から見たところ

4. グラシン紙の両端を合わせ、一緒に折り込んでいく

5. 2cmくらいの幅で、2、3回、折り込んだ状態。中指と薬指でロブロ・サンドを軽く押しながら、人差し指と親指で折り込み部を持ち、折れるだけ折り込む

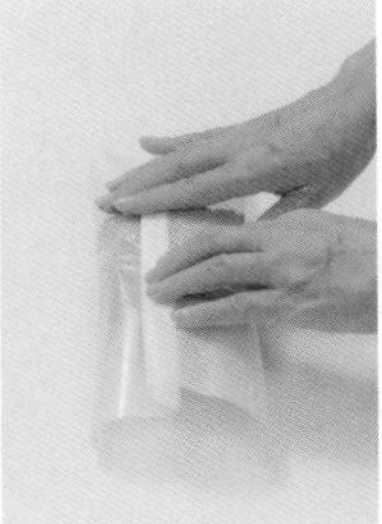

6. ロブロ・サンドが、きっちりとグラシン紙で包まれた状態になると、表面を平らにする

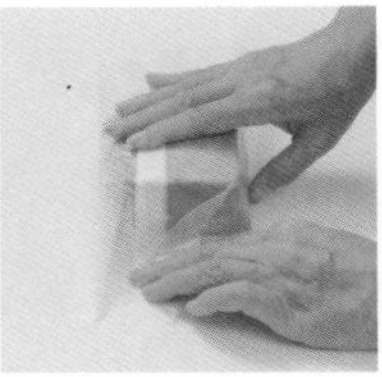

7. 側面の片方を三角に折り込む

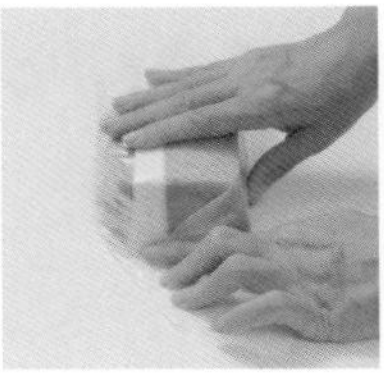

8. 側面のもう片方も三角に折り込む

9. 別の側面も同じように折り込む

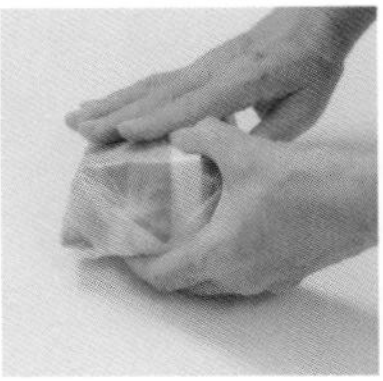

10. 側面を折り込んでできた三角の部分を底面に折り込む

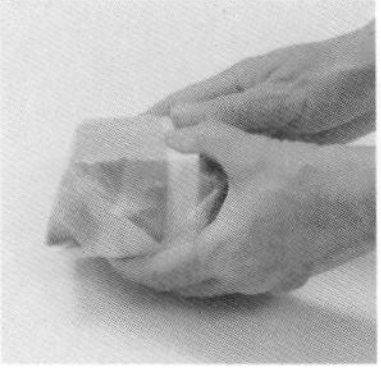

11. もう片方の側面にできた三角の部分も底面に折り込む

12. 底面をマスキングテープで留めて、できあがり

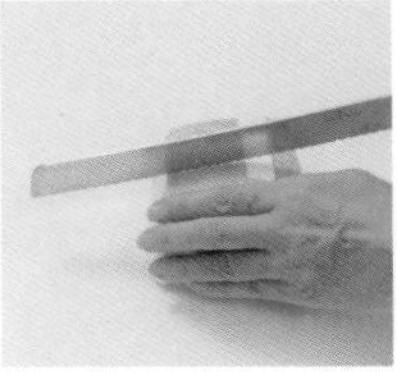

13. 包み紙を折り込んだ部分と垂直になるようにカットする

14. ロブロ・サンドをカットしたところ

テープの貼り方

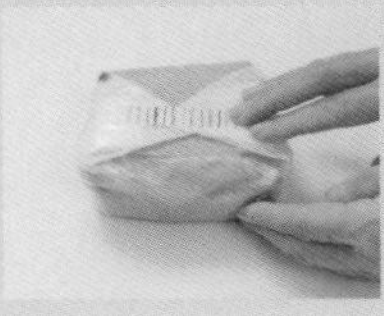

テープをまとめて貼ると、カット時にテープの真ん中が切れてしまいます

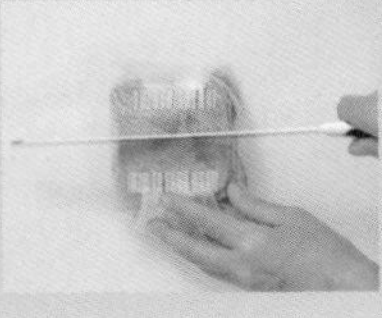

このようにテープを貼ると、テープ貼りは1回でOKです

グリーンペーストを塗ったロブロ
生で使える、旬の緑の葉野菜をお使いください。濃い緑の野菜に含まれるビタミンやミネラル、
そして抗酸化酵素を、加熱しない状態でおいしく効率的に摂取できます

グリーンペースト

材料

- パセリ、ルッコラ、バジル、ケールなど … 50g
  （しっかり、ふた掴みくらい）
- ナッツ … 70g
  （アーモンド、ヘーゼルナッツ、胡椒など）
- レモンの皮のすりおろし … 小さじ½〜1
  （省略可）
- レモン果汁 … 小さじ1（省略可）
- にんにくのすりおろし … 一片分（省略可）
- 塩 … 小さじ½
- EXオリーブオイル … 100〜120g

作り方

1. ナッツは170℃で8〜10分ほどローストし、粗熱をとる。
2. グリーン野菜は洗って水気をしっかり切る。
3. フードプロセッサーにざく切りしたグリーン野菜を入れ、粗いみじん切りにする。
4. オイル以外の材料を加えて、ざっと攪拌する。
5. 様子を見ながらオイルを少しずつ加え、ナッツの粒々が残っている状態のペーストに仕上げる。
6. 清潔なガラス瓶などに入れて冷蔵で保存する。保存期間は約5日。冷凍可。

1

2

3

1.生で使える緑の野菜、オリーブオイル、ナッツ、塩が基本の材料。（ここではケールを使用） 2.オイルは、最後に少しずつ加える。 3.パセリとケールのグリーンペースト

豆のペースト（フムス）

材料

- 白いんげん豆、青えんどう豆、赤えんどう豆などの国産豆 … 200g（蒸し豆、ゆで豆の場合、440〜450g）
- レモン果汁 … 20g（大さじ1⅓）
- 白練りごま … 40g（大さじ2）
- 塩 … 4g（小さじ1弱）塩麹でも。その場合、小さじ2
- にんにく（すりおろし） … 1片
- EXオリーブオイル … 20g（大さじ1½）
- 豆のゆで汁 … 60g（大さじ4）湯で代用可
- クミン・パウダー …（お好みで）小さじ1

作り方

1. 豆を洗い、たっぷりの水に一晩（10時間くらい）漬けておく。
2. 豆をざるにあげ、もう一度、豆を洗い、3倍量の水で、豆が柔らかくなるまで、ふつふつとゆでる。
3. 煮豆をざるにあげ、煮汁はとっておく。
4. 煮汁以外の材料をすべてフードプロセッサーに入れて攪拌する。
5. ゆで汁を少しずつ加えながら、好みの硬さに調節する。

- くず野菜や香味野菜を100g加えてゆでると、風味よく仕上がります。
- すり鉢を使う場合は、柔らかく煮た豆の薄皮を取り除いて、丁寧に擦り潰した後に残りの材料を加えてペースト状にします。
- 豆のペーストは、数時間すると硬めになります。サンドイッチに入れる場合は、硬めに仕上げた方が携帯時に便利です。冷凍可。

緑の豆ペースト

パセリやルッコラなどの緑の香味野菜ひとつかみ分を、**4**に加える。

ピンクの豆ペースト

豆のペースト（プレーン）の半量のゆでビーツを角切りにして**4**に加える。

豆ペースト（プレーン）

緑の豆ペースト

ピンクの豆ペースト

ロースト・パプリカ

作り方

1. 赤パプリカは縦¼に切り、軸と種を取り除く。
2. クッキングシートを敷いたオーブントレイに、皮を上にして並べる。
3. 220℃のオーブン、もしくは、オーブントースターで、30〜35分くらい、皮の一部が黒くなり、皮が浮き上がってくるまで焼く。
4. オーブンから取り出して、下に敷いていたクッキングシートで包んで粗熱をとる。
5. 粗熱がとれたら、皮をむく。

ローストパプリカ

ローストパプリカを加えたロブロ・サンド

手前右から時計回りに、ロブロ・レムラードソース・魚のフリカデラ・季節の蒸し野菜、奥はクラフトビール

豆と野菜のスープ

材料

- イエロースピリットピー … 150g
- 玉ねぎ … 100g
- にんじん … 100g
- セロリ … 1本
- ポロねぎ(太ねぎ) … 1本
- 大根 … 100g
- じゃがいも … 150g
- にんにく … 1〜2片
- 菜種油 … 大さじ1
- 塩 … 小さじ1
- タイムの枝 … お好みで(ローリエ可)
- 胡椒(粒) … お好みで

作り方

1. スピリットピーを水でさっとすすぎ、ボウルに入れて、野菜を切っている間、浸水させる。
2. 野菜を1㎝角に切る。にんにくは薄皮を剥き、包丁の背で潰す。
3. ポロネギの青い部分以外の野菜を鍋に入れ、油と塩を加え、蓋をして中火で蒸し煮にする。
4. 豆の水気を切って鍋に加え、ひたひたよりも少し多めに水を加える。豆のゆで汁なら、なおよい。
5. タイムの枝と粒胡椒をお茶パックに入れ鍋に加えひと煮立ちさせる。
6. 煮汁が沸騰したら、蓋をして、ふつふつするくらいの火加減で45分〜1時間ほど豆がほろほろに煮崩れるまで煮込む。
7. タイムの枝と粒胡椒が入ったお茶パックを出し、全体の⅓をミキサーにかける。具の⅓をすり鉢で潰してもよい。
8. 潰した野菜をスープに戻し、全体を混ぜて、湯で水分量を調節する。塩と酢(分量外)で味を整える。
9. ポロネギの青い部分を加え、さっと火を通す。
10. ロブロを添えて、あつあつをどうぞ。

レンズ豆や下ゆでした白いんげん豆でも作れます。

菊芋とりんごのポタージュ

菊芋とりんごのポタージュ

材料

- 菊芋 … 500g（皮をむいた状態で、約400g）
- 玉ねぎ … 150g
- りんご … 150g
- EXオリーブオイル … 小さじ2
- にんにく … 1〜2片
- ローズマリー … 2枝（お好みで）
- 水 … 1½カップ
- ミルク（牛乳でも豆乳でも）… 1カップ〜適量
- 塩（塩麹や玉ねぎ麹などでも可）… 適量
- 挽きたて胡椒 … 適宜

トッピング

- ロブロ塩ハーブクルトン、もしくは、ぽりぽりロブロ（P.147）… 適量
- りんご（角切り）… 適量

作り方

1. 玉ねぎは薄いスライス、菊芋は皮をむいて1㎝厚の輪切り、りんごは皮をむいて芯を取り除き、薄切り、にんにくはみじん切りにする。
2. 鍋にオイルと玉ねぎを入れ、塩小さじ½を加えて、弱火〜中火でしんなりするまで炒める。
3. 菊芋とりんごとにんにく、塩小さじ½を加えて中火で軽く炒める。材料の高さの半分くらいまで水を加え（約1カップ）、ローズマリーを加え、蓋をして中火で10分前後、蒸し煮にする。
4. ひたひたに水を加え、いったん沸騰させた後、弱火でコトコトと15〜20分ほど、さらに煮込む。
5. ローズマリーを取り出してブレンダーでなめらかなピュレ状にする。
6. ミルクを加えて温め、好みのなめらかさになるまで、さらにミルクを加える。
7. 沸騰直前まで温め、塩・こしょうで味を調え、火を止めてから全体を混ぜる。
8. 仕上げにロブロ・クルトンと角切りりんごを添える。

ロブロ塩ハーブクルトン

ロブロ塩ハーブクルトン

材料

- ロブロ（1〜1.5㎝角のサイコロ状）… 200g
  もしくは、ロブロ・スライス4枚分（1㎝厚の場合）
- EXオリーブオイル … 適量（大さじ1）
  （太白ごま油で代用可）
- お好みのハーブ（タイムなど）… 適量
- 塩 … 適量
- （お好みで）ガーリックパウダー … 少々

作り方

1. ロブロをボウルに入れ、オイルとハーブと塩を加え、スプーンで混ぜながら全体に行き渡らせる。
2. クッキングシートを敷いた天板にロブロを重ならないように並べる。
3. 150℃のオーブンで、50分前後、カリッとするまで焼く。
4. 火から下ろし、バットなどに広げて、粗熱をとる。
5. 完全に冷めてからら、保存容器で保管する。

飾って楽しむ

ロブロを楽しむハイライトです。飾って楽しむには、いろいろなパーツを組みわせるスモーブロがぴったりです。美食の世界で繰り広げられるスモーブロは、手が込んでいてうっとりしますね。ここでは、一般家庭で飾って楽しめるスモーブロをご紹介します。

飾って楽しむスモーブロは、ちょっとした仕組みを意識するとバランスがとりやすくなります。左ページでスモーブロを構成する各パーツの例をご紹介していますので、組み合わせの目安にしてください。各パーツを全て揃える必要はありませんし、ここでご紹介するものでなければならない、ということもありません。手に入りやすいもので挑戦してください。こんなに意識するのは面倒という場合は、食感、色彩、味覚に変化を持たせて組み合わせてください。

おうちスモーブロですから、お好きな組み合わせをロブロにのせて、それがおいしければ一番なのです。また、ご家庭で召し上がるのですから、ナイフとフォークを使わなければならないわけではなく、手で食べるためのサイズを考えるなど（112頁参照）、ご家庭で楽しめる形をお選びください。

スモーブロの構成パーツ

おうちスモーブロは、ここを意識する!

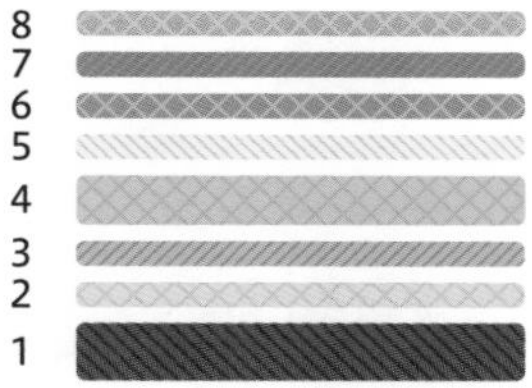

最優先	優先	素敵度UP
★★★	★★	★

8. かりかりトッピング

スモーブロに、かりかり食感が加わる。

炒りごま、ロブロそぼろ(塩味・ハーブ味)、ローストピーナッツやアーモンドを粗めに刻んだもの、炒った蕎麦の実、野菜を薄く切って揚げたものなど。

7. ハーブトッピング
★★

スモーブロに香りを添える。

あさつき、胡椒草、ディル、チャービル、パセリ、西洋ワサビ、ケッパーなど。大葉や茗荷でも。

6. 野菜トッピング
★

スモーブロにシャキシャキ感や酸味など、食感や味覚に変化を持たせる。

きゅうり、トマト、パプリカ、セロリ、フェンネル、ラディッシュなど、スライスでもクリュディテ仕上げでも。野菜の甘酢漬けや甘酢和えも王道。

5. ソース・ドレッシング
★

スモーブロにボリュームを与える。

マヨネーズ、レムラードソース、根菜レムラードソース(P.167)、イタリア風サラダ(P.169)、ロシア風サラダ(P.160)、ポテトサラダ(P.163)、ディル風味マスタード・ドレッシング(P.163)など。ハーブをブレンドしたマヨネーズなども使われている。

4. ポレ(メインの具)
★★★

スモーブロのメインの具となる。

にしんのマリネ、いわしの甘酢マリネ(P.161)、にしんの南蛮漬け(甘酢漬け)、グラブラックス(P.162)、スモークサーモン、焼き鯖、鯖のトマト煮込み、鱈のフリカデラ(P.166)、鱈のサラダ(P.169)、魚のフライ、鶏のサラダ(P.168)、フリカデラ(P.164)、ハム、ローストポーク、ローストビーフなどが王道。

フムス(P.155)やサラダチキンなどは、最近、家庭で定番化している。野菜では、定番のじゃがいもやトマトなどに加え、赤ビート、菊芋、根セロリ、カリフラワーなども見かける。

3. レタスなど

フレッシュな食感を与える。
ロメインレタス、ルッコラ、サラダ菜
70年代以降に一般化したが、最近は使わない傾向にある。この層があると、少しレトロに感じることも。

2.「スモー」
★★

ロブロにまろやかさを与える。

ポレがロブロに染み込まないために防水加工でもある。

バター、ラードが伝統的。マヨネーズは後から加わった。最近は、ハーブを混ぜたグリーンマヨネーズもよく見かける。グリーンペーストやねりごまは、おうちスモーブロで便利。

1.「ブロ」
★★

スモーブロの土台となる。

ロブロなどの全粒ライ麦パン、ライ麦と小麦が半々で配合されたパン、サワードゥブレッドなど

にしんのマリネとゆでじゃがのスモーブロ

にしんのマリネには、必ず、ロブロを組み合わせます。お祝いの席やスモーブロ・レストランでの最初の一皿はにしんのマリネというのも不文律です。デンマークのにしんのマリネは、プレーン、カレー風味、スパイス風味が基本です。プレーンでは、野菜を使ったサラダをトッピングしてバリエーションを楽しむこともできます。

カレー風味の卵サラダ

材料

- ゆで卵 … 2個分（殻をむいて、フォークで粗くつぶしておく）
- サワークリーム … 大さじ2〜3（マヨネーズと水切りヨーグルトで代用可）
- マヨネーズ … 大さじ2〜3
- カレー粉 … 小さじ1
- 塩、挽きたて胡椒 … 適宜
- りんご（1cm角切り） … 50g
- 紫玉ねぎ（みじん切り） … 50g
- ケッパー（粗めのみじん切り） … 大さじ1
- コルニッション（みじん切り） … 大さじ1

作り方

1. ゆで卵以外の材料を均一に混ぜておく。
2. 殻をむいた卵をボウルに入れ、フォークで粗くつぶし、1で和える。

ロシア風サラダ（ビーツとりんごのサワークリーム和え）

材料

- ビーツの甘酢漬け（1cm角切り） … 100g
- りんご（1cm角切り） … 50g
- サワークリーム … 75g（水切りヨーグルトとマヨネーズで代用可）
- レモン果汁 … 大さじ1
- 塩、挽きたて胡椒 … 適宜

作り方

材料をすべて混ぜる。

スモーブロの王道、にしんのマリネを新鮮ないわしで作ってみる

デンマークでは、スーパーなどでもにしんのマリネが買えますが、日本での入手は難しいですね。にしんのマリネを手作りする場合も、1年くらい熟成させた塩漬けにしんから作るので、生のにしんが手に入ったからといって、簡単には作れないものなのです。

にしんのマリネとロブロの組み合わせは、スモーブロの中でもピカイチなので、どうしてもご紹介したいと思っていたところ、料理家・河井あゆみさんが『北欧料理大全』の著者カトリーネ・クリンケンさんをお迎えしたスモーブロの会で使ったレシピを教えてくださいました。日本で入手しやすい新鮮ないわしを使ったいわしの甘酢マリネです。甘酢は、私がデンマークで使っているレシピです。

このいわしの甘酢マリネもロブロとの相性が抜群です。カトリーネ・クリンケンさんも喜ばれた一品なので、ぜひお試しください。

いわしの甘酢マリネ

材料

- 刺身用いわし … 5尾分
- 塩 … 適量

マリネ液

- りんご酢 … 100㎖
- きび砂糖 … 50g
- 水 … 50㎖
- ローリエ … 1枚
- 粒白胡椒 … 3粒
- 玉ねぎスライス … 30g

作り方

1. マリネ液は全ての材料を鍋で煮たて、砂糖が溶けたら粗熱を取り、冷蔵庫で冷やしておく。
2. いわしは皮を付けたまま3枚におろす。身2枚につき、塩を約小さじ½ずつ表裏に（身の方多め）ふりかけ、冷蔵庫で20～30分おく。
3. 2のいわしの塩を冷水で洗い流しペーパーで水気を取る。身を上にして容器に並べ、1のマリネ液をいわし全体にかけ（玉ねぎも一緒に）、いわしが乾かないように落としラップと、容器に蓋をして冷蔵庫で約12時間おく。
4. 3を取り出し、皮を頭の方からむく。汁気を切ったいわしをラップに包んで冷蔵庫または冷凍庫、またはオリーブオイルに漬けて保存。

- いわしが重なっていると甘酢が染み込みにくいので、その場合、途中でずらしてください。
- いわしの身の大きさと厚さにより2で塩で締める時間と3の甘酢に漬ける時間が異なりますので調整してください。
- スモーブロにする場合は身が白くなるくらいしっかり甘酢でマリネした方が合います。

写真上はマリネ中のいわし（作り方3）、下はマリネ後に皮をむいたいわし（作り方4）

いわしの甘酢マリネのスモーブロ
ロブロ、バター、じゃがいも、いわしの甘酢マリネ、紫玉ねぎ、ディル

鮭の塩糖マリネ「グラブラックス」。塩と香草をまぶした魚を土に埋めて発酵・保存する北欧全域で見られる調理法です。グラブラックスは埋めた鮭という意味になります。

グラブラックス 鮭の塩糖スパイスマリネ

材料

- 生鮭（皮つき）生食用 … 500g
（500gでなくても、一切れから作れます）
- 塩 … 20g（鮭の重量の4%）
- 黒糖 もしくは、きび砂糖 … 20g（塩と同量）
- 粒胡椒、ディルシード（クミンシード）… 各小さじ1
- フェンネルシード、マスタードシード、コリアンダーシード … 各小さじ½

作り方

1. すり鉢かフードプロセッサーで粗く挽いた香辛料を、塩と砂糖に混ぜる。
2. 鮭の水気を拭き取り、ラップを敷いたバットに皮目を下にして置き、1を鮭の表面に均一にまぶす。
3. 全体をラップでぴっちりと包み、冷蔵庫で48時間ほどマリネする。ラップで包んだまま、上下を返してもよい。
4. 48時間くらいマリネし、薄くスライスして使う。2日間で食べきれない分は、スライスして冷凍しておくと便利。

- 伝統的には、鮭の重量の4〜5%の塩と砂糖を使いますが、3%でも作れます。
- 少ない量で作る時にはスパイスの量が調整しにくいので、鮭以外の材料を上記の量でブレンドしておくと便利です。
- 途中で水分が出るので、ラップで包んだ鮭は、バットなどの容器に入れてください。
- 2日間で食べ切れない分は、スライスして冷凍しましょう。
- 皮目に残った身は、ロースターやオーブンで焼くと、塩気が強めの鮭フレークになります。

塩と砂糖とスパイスをまぶした生鮭

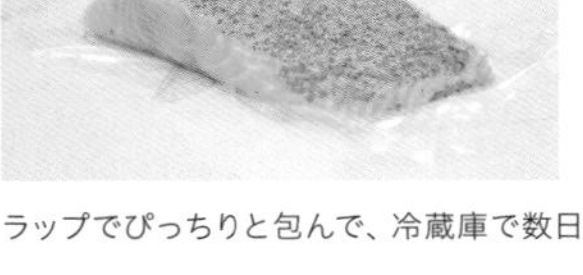

ラップでぴっちりと包んで、冷蔵庫で数日寝かせる

ディル風味マスタード・ドレッシング グラブラックスのお供に

材料

ディジョン・マスタード … 大さじ2
・ 黒糖 もしくは はちみつ … 大さじ1〜2
・ 酢 … 小さじ2
・ オリーブオイルもしくは、太白ごま油 … 大さじ4〜5
・ ディル … 適量
・ 塩・挽きたて胡椒 … 適宜

作り方

1. ボウルにマスタード、黒糖、酢をよく合わせる。
2. オリーブオイルを少しずつ加え、とろりとしたソースに仕上げる。
3. ディルのみじん切りをたっぷり加える。

グラブラックスのスモーブロ
ディル風味マスタード・ドレッシングをかけている

脇役だけど、何かと便利な

ポテトサラダ

材料

・ ゆでじゃがいも … 200g
・ サワークリーム もしくは、マヨネーズ … 大さじ1
・ ディジョンマスタード … 小さじ1弱
・ オリーブオイル … 小さじ1
・ レモン果汁 … 小さじ1
・ マヨネーズ … 大さじ1
・ ケッパー … 大さじ1（お好みで）
・ 玉ねぎ（みじん切り） … 大さじ1（水にさらしておく）
・ 塩・挽きたて胡椒 … 適宜

作り方

1. ボウルに、じゃがいも以外の材料を混ぜておく。
2. ゆでじゃがいもが熱いうちに、フォークの背で粗く潰して、1のドレッシングで和える。

左）ポテトサラダ
右）フリカデラのスモーブロ
下からロブロ、フリカデラ、ポテトサラダ、紫玉ねぎのマリネ、あさつき

地味だけど、お惣菜的に使える

卵サラダ

材料

・ ゆで卵 … 2個（参考ゆで時間: 10〜11分）
・ きゅうりの甘酢和え（P.165）もしくは、コルニッション（粗めのみじん切り） … 小さじ1
・ ディジョンマスタード … 小さじ1
・ マヨネーズ … 小さじ 1〜2
・ 水切りヨーグルト … 小さじ 1〜2
・ カレー粉 … ひとつまみ
・ 胡椒草 … 適宜（省略可）
パセリのみじん切りでも代用できます。
・ 塩・挽きたて胡椒 … 適宜

作り方

1. ゆで卵をフォークで粗くくずす。
2. 胡椒草をのぞく残りの材料で和える。塩と胡椒で味を整える。胡椒草を飾る。

左）卵サラダ
右）卵サラダのスモーブロ
卵と胡椒草の組み合わせは、デンマークでの定番

デンマークの人は、フリカデラが大好き！

フリカデラのスモーブロ。下から、ロブロ・グリーンペースト・フリカデラ・
きゅうりの甘酢和え、紫キャベツの甘酢漬け、クレソン

「フリカデラ」とは、ハンバーグのたねに似た生地を小ぶりに焼いたものです。豚肉もしくは豚と仔牛の合い挽き肉で作るのが定番。柔らかめのたねは、スプーンで形づくりながら、フライパンに並べて焼きます。クリスマスを待つ季節には、クリスマスのスパイスを入れて楽しみます。

基本のフリカデラ（約20個分）

材料

- 豚ひき肉 もしくは 合い挽き肉 … 400g
- 塩 … 小さじ1½
- オートミール もしくは 米粉、小麦粉、パン粉 … 大さじ2
- 卵 … 1個
- 玉ねぎ（細かいみじん切り） … 100g（½個）
- ミルク（牛乳でも豆乳でも） … 150mℓ
- 挽きたて胡椒 … 適宜
- オールスパイス・パウダー … 小さじ⅓
- タイムの葉（乾燥タイム可、省略可） … 小さじ½
- オイル・バター（焼くとき）

炭酸水もオススメ。ふわっと仕上がります。

作り方

1. ひき肉に塩を加え、粘りが出るまでよく練る。
2. オートミール、卵、ミルク（もしくは、炭酸水）を加えて、よく混ぜる。
3. 玉ねぎ、こしょう、オールスパイス、タイムを加えて、よく混ぜ、20分以上、寝かせる。
4. もう一度、よく混ぜる。必要に応じてミルク、もしくは、炭酸水を加え、柔らかめのたねに仕上げる。
5. フライパンにオイルとバターを加えて熱し、たねをスプーンですくって形を作りながら、フライパンに入れ、きれいな焼き色がつくまで中火で焼く。
6. 反対側もきれいな焼き色がつくまで中火で焼く。

デンマークの小ぶりなハンバーグ
「フリカデラ」

クリスマスのフリカデラ

作り方

生姜のすりおろし 小さじ1、クローブ 小さじ½、ナツメグをおろしたもの 小さじ½をたねに加える。

フリカデラのつけ合わせには・・・

きゅうりの甘酢和え

きゅうりの甘酢和え

材料

・きゅうり … 3本くらい

甘酢

・酢 … 200mℓ
・水 … 100mℓ
・塩 … 小さじ1
・きび砂糖 … 大さじ4〜5
・挽きたて胡椒 … 適宜

作り方

ボウルにマリネ液の材料をすべて入れ、砂糖が溶けるまで混ぜる。
3㎜厚にスライスしたきゅうりを加え、1時間ほど漬ける。

紫キャベツの甘酢漬け

材料

・紫キャベツ … 250g（3〜4㎜幅のスライス）

甘酢

・酢 … 200mℓ（1カップ）
・水 … 50mℓ（1/4カップ）
・きび砂糖 … 大さじ6
・塩 … 小さじ2
・黒胡椒 … 5粒くらい
・ローリエ … 1〜2枚
マスタードやカルダモンを8〜10粒ほど加えてもよい。

作り方

1. 紫キャベツは沸騰した鍋で軽くゆでて、水けをよく絞り、清潔な瓶に入れる。
2. 甘酢の材料を小鍋に入れ、中火にかけて砂糖を溶かし、熱いまま、1に注ぎ入れる。
3. 冷めたら冷蔵庫で保管する。

翌日から使えます。
冷蔵庫で2ヶ月あまり保存できます。

紫キャベツの甘酢漬け

ビーツの甘酢漬け

材料

・ビーツ … 500g（皮つきで竹串がスッと入るまでゆでて、皮をむいておく）

甘酢

・酢 … 200mℓ（1カップ）
・水 … 50mℓ（¼カップ）
・きび砂糖 … 大さじ6
・塩 … 小さじ2
・西洋ワサビ … 3㎜厚の輪切りを3枚（省略可）
・黒胡椒（粒） … 5粒くらい
・ローリエ … 1枚
好みで、クローブやオールスパイスを3、4粒ほど加えてもよい。

作り方

1. ビーツは1㎝厚の輪切りにし、清潔な瓶に入れる。
2. 甘酢の材料を小鍋に入れ、中火にかけて砂糖を溶かし、熱いまま、1に注ぎ入れる。
3. 冷めたら冷蔵庫で保管する。

薄いと翌日から厚めだと3日目から使えます。
冷蔵庫で2ヶ月あまり保存できます。

ビーツの甘酢漬け

魚のフリカデラにはレムラードソースという組み合わせが定番。
日本のご家庭の冷蔵庫にマヨネーズが必ず入っているような感覚で、
レムラードソースが常備されています

鱈のフリカデラ

材料

- 鱈(白身魚) … 400g
- 塩 … 小さじ1½
- オートミールもしくは 米粉、小麦粉、パン粉 … 大さじ2
- 卵 … 1個
- 玉ねぎ(細かいみじん切り) … 100g(½個)
- ミルク(牛乳でも豆乳でも) … 150㎖
- 挽きたて胡椒 … 適宜
- ディルもしくはパセリ(みじん切り)(お好みで)
- オイル・バター(焼くとき)

炭酸水もオススメ。ふわっと仕上がります。

作り方

1. 魚をざくぎりにし、塩をふり、1時間ほど冷蔵庫に置く。
2. フードプロセッサーかすり鉢で粘りが出るまでよく練る。
3. オートミール、卵、ミルクを加えて、よく混ぜる。
4. 玉ねぎとこしょう、お好みでハーブのみじん切りを加えて、よく混ぜ、20分以上、寝かせる。
5. もう一度、よく混ぜる。必要に応じてミルクか炭酸水を加え、柔らかめのたねに仕上げる。
6. フライパンにオイルとバターを加えて熱し、たねをスプーンですくって形を作りながら、フライパンに入れ、きれいな焼き色がつくまで中火で焼く。
7. 残りの二面もきれいな焼き色がつくまで中火で焼く。

- 青背の魚を使う場合は、生姜や味噌を少し加えるとよいでしょう。
- オートミールはクイックオーツを使っています。

根菜レムラードソース

材料

- 大根(5㎜角切り) … 100g
- にんじん(5㎜角切り) … 50g

マリネ液

- 菜種油 … 大さじ2
- 酢 … 大さじ2
- 白ワイン … 50㎖(酒でも)
- カレー粉 … 小さじ½
- パセリ … 適宜
- ケッパー(みじん切り) … 大さじ1
- マヨネーズ … 60g
- 水切りヨーグルト … 60g(ギリシャヨーグルトでも)
- 塩・挽きたて胡椒 … 適宜

作り方

1. 小鍋に野菜を入れ、マリネ液を注ぎ、蓋をして、煮汁がなくなり、野菜の歯応えを感じる程度まで硬めに煮る。
2. パセリ、マヨネーズ、ヨーグルトで和える。
3. 塩と胡椒で調味する。

- 野菜とマリネ液をバットに入れ、180℃のオーブンで20分焼いても、おいしく作れます。
- ごろごろ感を避けたい場合には、1で軽く火を通した野菜をフードプロセッサーで粗めのみじん切りにしてください。

魚のフリカデラのスモーブロ
下から、ロブロ、グリーンペースト、魚のフリカデラ、レムラードソース、ディル

冷蔵庫にある食材で作れる おうちスモーブロ

鶏のサラダのスモーブロ
下から、ロブロ、バター、鶏のサラダ、りんご、クレソン

サラダチキンを作ったら・・・

鶏のサラダ

材料

- サラダチキン（1㎝角切り）… 120g
- 根セロリ（1㎝角切り）… 60g（セロリやカブ、ホワイトアスパラガスで代用可）
- セロリ（5㎜角切り）… 40g

ソース

- 水切りヨーグルト … 大さじ1
- マヨネーズ … 大さじ1～2
- カレー粉 … ひとつまみ
- 塩・挽きたて胡椒 … 適宜
- ディジョンマスタード … 小さじ1
- ケッパー（粗みじん切り）… 小さじ1（お好みで）

作り方

1. サラダチキンは、1㎝の角切りにする。
2. 根セロリは、小さじ1～2の水を一緒にさっと蒸し煮にする。
3. ソースの材料をボウルに入れて、よく混ぜる。
4. サラダチキン、根セロリ、セロリをボウルに入れ、全体がなじむように和える。

スモーブロの組み立て方

1. ロブロにバターを塗り、鶏のサラダをたっぷりのせる。
2. りんごのスライスとクレソンもしくはセルフィーユを飾る。

上等なロースハムが手に入ったら・・・

ハム & イタリア風サラダ

イタリア風サラダ

本来は、春野菜を楽しむ一品です。

材料

- アスパラガス（1cm角切り）… 100g
- にんじん（8mm角切り）… 100g
- 根セロリ（8mm角切り）… 100g
- いんげん豆（8mm厚）… 10本くらい
- グリーンピース（鞘付き、もしくは、冷凍）… ⅓カップ
- マヨネーズ … 大さじ5〜6
- ディジョンマスタード … 小さじ1
- レモン果汁 … 少々
- 塩、挽きたて胡椒 … 適宜

作り方

1. 野菜はすべて歯応えが残るように塩を加えた湯でさっとゆでる。蒸してもよい。
2. ボウルで野菜とマヨネーズとディジョンマスタードを和え、レモン果汁、塩、胡椒で味を整える。

ハムとイタリア風サラダのスモーブロ。
下から、ロブロ・グリーンペースト、ロースハム、イタリア風サラダ、ベビーサラダ

スモーブロの組み立て方

1. ロブロにバターを塗り、薄くディジョンマスタードを塗ってハムをのせる。
   写真では、グリーンペーストを使用。
2. イタリア風サラダをたっぷりのせ、ミックスサラダとスプラウトを飾る。

たらちりの翌日に・・・

鱈のサラダ

材料

- マヨネーズ … 大さじ4〜5
- だし もしくは 煮汁 … 大さじ1（ミルクでも代用可）
- ゆでた鱈（皮や骨は除いておく）… 150g
- セロリ（さっとゆでたもの、角切り）… 50g
- レモンの皮のすりおろし（国産レモンの場合）… 小さじ½
- ディル（みじん切り）… 適量（お好みでパセリでも）
- ケッパー … 大さじ1
- レモン果汁 … 適宜
- 塩・挽きたて胡椒 … 適宜

作り方

1. マヨネーズをだしでのばし、鱈とセロリ、ケッパー、レモンの皮のすりおろし、ディルを和える。
2. レモン果汁と塩と胡椒で味を整える。

鱈のサラダのスモーブロ。
下から、ロブロ、グリーンペースト、鱈のサラダ、あさつき

スモーブロの組み立て方

1. ロブロにバターを塗り、鱈のサラダをたっぷりとのせる。
2. あさつきを飾る。

他の白身魚や鮭にも応用できます。

スイーツとして楽しむ

『ベールをかぶった農家の娘さん』りんごとロブロという最強の組み合わせがスイーツで楽しめる。
ロブロがカリカリのうちに食べてもおいしいけれど、りんごの甘酸っぱさが染みたロブロも美味

ベールをかぶった農家の娘さん

材料

りんご煮

- りんご（酸味のあるものがオススメ）… 300g
- 水 … 大さじ2
- きび砂糖 … 大さじ2（お好みで調整して下さい）
- レモン果汁 … 適宜

ロブロ甘そぼろ

適量（ロブロ甘クランチを使ってもOK）

飾り

- カシス（黒房すぐり）ジャム … 1人あたり、小さじ1
- 純生クリーム … 適宜

作り方

りんご煮

1. 皮をむいて芯をのぞいたりんごをくし切りにして鍋に入れ、砂糖と水を加える。
2. 蓋をして弱火気味の中火で10分くらい、りんごが柔らかくなるまで煮る。
3. 火から下ろし、木べらやフォークなどで煮りんごをマッシュする。
4. 煮りんごが温かいうちに砂糖（分量外）とレモン果汁で甘味と酸味を調節する。

盛りつけ方

1. 1人分のグラスもしくは取り分け用の鉢に、潰したりんご煮とロブロ甘クランチを2回繰り返して重ねる。
2. 柔らかく泡立てた生クリームとジャムを飾る。

エルダーベリーのデザートスープ

深い紫色が美しいデザートスープ。9月下旬から10月中旬かけて熟す実を房ごと鍋に入れて煮出し、漉した煮汁にとろみをつけ、温かいスープとして楽しむ。優れた薬効と汎用性を持つ民間薬として重宝され、冬にかかりやすい風邪やインフルエンザの予防にも効果を奏していたという。

ロブロ甘クルトン（P.171）とは、黄金の組み合わせ

りんごのクランブル風

りんごの角煮＋ロブロ甘クランチ＋柔らかいホイップクリーム

りんごの角煮は、りんごの塩煮ピュレ(P.149)参照。

ここでは、小さめの角切りにしたりんごを煮て、潰さずに使っています。

ロブロで作るスイーツ・パーツ 3選

ロブロ甘そぼろ

材料

- ロブロ … 200g(1cm厚で4枚)
- 黒糖 … 大さじ1〜2(きび砂糖で代用可)
- (お好みで)バター … 10g

作り方

1. ロブロをフードプロセッサーかミルサーでそぼろ状にする。
2. フライパンに1と砂糖を入れる。(バターを加える場合はここで加える。)
3. 中火で炒って、さらさらの状態になったら火から下ろし、バットなどに広げて、粗熱をとる。
4. 完全に冷めたら、保存容器に入れて保管する。

ロブロ甘クランチ

材料

- ロブロ生そぼろ(P.91参照) … 200g
- ナッツ … 50〜100g
  (アーモンド、ヘーゼルナッツ、胡椒など)
- バター … お好みで10〜20g(太白ごま油で代用可)
- 黒糖 … 大さじ1(お好みで調整してください。きび砂糖で代用可)

作り方

1. フライパンにお好みでバターを溶かし、角切りロブロを加えてカリッとなるまで中火で炒る。よい香りがしてきたら、粗く砕いたナッツを加えてさらに炒める。
2. 砂糖を加え、砂糖を溶かしながら角切りロブロに絡ませながら炒る。
3. まんべんなく砂糖が絡まったら火から下ろし、バットなどに広げて、粗熱をとる。
4. 完全に冷めてから、保存容器で保管する。

ロブロ甘クルトン

材料

- ロブロ生クルトン(P.91参照) … 200g
- バター … 30g(太白ごま油で代用可)
- 黒糖 … 大さじ3(きび砂糖で代用可)

作り方

1. バターをフライパンで温め、ロブロ生クルトンを加えて、中火で炒る。
2. 香ばしく色づいてきたら、砂糖を加える。
3. 溶けた砂糖が絡まったら火から下ろし、バットなどに広げて、粗熱をとる。
4. 完全に冷めたら、保存容器に入れて保管する。

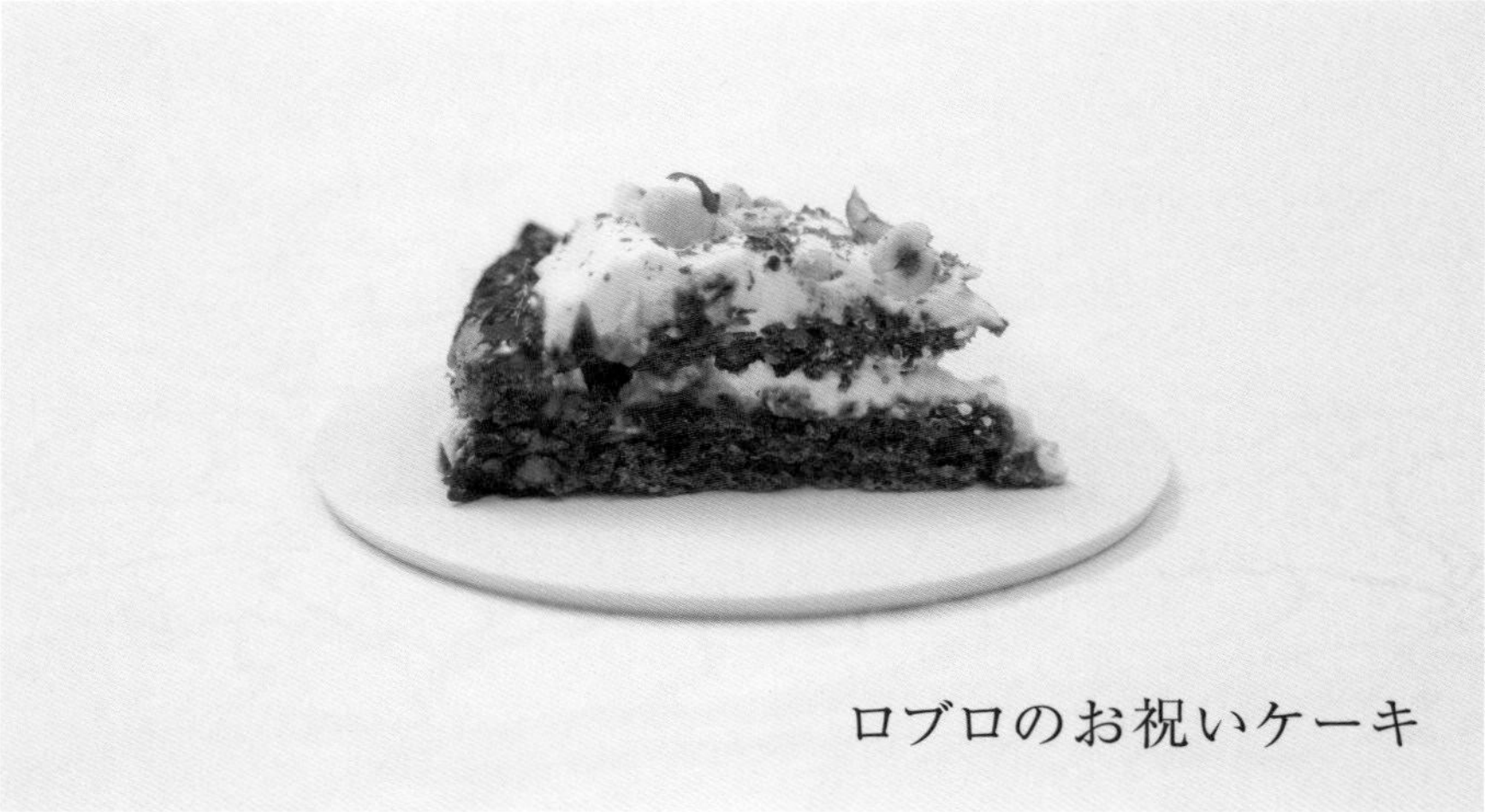

夫のふるさとと南ユトランド地方に伝わる伝統ケーキ

南ユトランド地方は、1864年から1920年までドイツ領だったこともあり、地元では、ドイツ語でBrottorte「パンのケーキ」と呼ばれています。少し乾燥気味のロブロを細かく砕いたものを粉代わりに、ココアをスパイスのように使っています。

ライサワー種で発酵させた全粒ライ麦100%のロブロが醸し出す独特の旨味、ヘーゼルナッツのコクと黒すぐり（カシス）の酸味、生クリームのまろやかさのバランスが絶妙なケーキです。

ロブロのお祝いケーキ

材料

ライ麦パンベースのスポンジ生地（直径18cm 2台分）　必ず、2台で焼いてください。

- ヘーゼルナッツ … 50g
- 基本のロブロ（全粒ライ麦100%のパン） … 50g
- ベーキングパウダー … 小さじ¼
- 純ココア … 大さじ1
- 卵白 … 2個分
- 卵黄 … 2個分
- きび砂糖 … 60g

黒すぐりのジャム

- 黒すぐり（カシス） … 180g
- きび砂糖 … 60g
- レモン果汁 … 大さじ1
- はちみつ（微調整分）

フィリング・トッピング

- 黒すぐりのジャム … 200〜250g
- 純生クリーム（乳脂肪35%） … 150〜200㎖
- ヘーゼルナッツ … 一握り
- ダークチョコレート（カカオ約70%のもの）

- 市販品のジャム200〜250gで代用できます。レモン果汁を足して、酸味を強めてください。
- 黒すぐりは冷凍品が入手しやすいです。

作り方

1. ヘーゼルナッツを160℃のオーブンで10分ほどローストし、お互いを擦り合わせて皮をざっと除く。
2. ロブロをフードプロセッサーなどで砕いて「ロブロ生そぼろ」（P.91参照）を作るか、冷凍しているロブロ生そぼろを解凍する。
3. ヘーゼルナッツが粉になってしまわないように、ロブロ生そぼろとナッツをざっくり砕く。
4. ベーキングパウダーとココアを加えて、さっくりと混ぜる。
5. 別のボウルに卵白を硬く泡立て、きび砂糖を少しずつ加えて、しっかりとしたメレンゲを作る。
6. 5に卵黄を一つずつ加えていく。
7. 4を加えて、生地をさっくり混ぜる。
8. クッキングシートを敷いた型に生地を流す。
9. 200℃に予熱したオーブンで10〜12分焼く。竹串を中心にさして生地がついてこなければ、OK。
10. 網の上で粗熱をとる。

- ロブロがそぼろ状だとケーキになった時に食感が楽しめます。
- タルト型やマンケ型2台に流してもよい。
- ここまでの作業は、前日に用意できます。

作り方 1

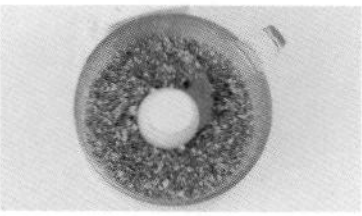
作り方 4

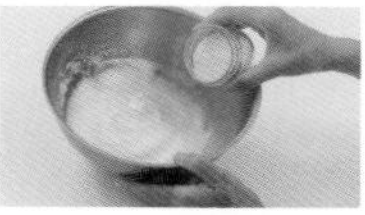
作り方 5

作り方 6

作り方 7

作り方 8

作り方 10

黒すぐり（カシス）ジャム

1. 黒すぐりと砂糖、レモン果汁を鍋に入れ、20分くらい黒すぐりから水分ができるまで放置する。
2. 鍋をゆっくりと沸騰させ、強火で5分くらい煮て、消毒した瓶に入れる。
3. 粗熱がとれてから、酸味を確認し、酸味が強すぎる場合は、はちみつで甘さを調節する。

私はかなり酸っぱく仕上げます。

仕上げ

1. 純生クリームを柔らかく泡立てる。
2. 1枚目のスポンジ生地にジャムをたっぷり塗り、泡立てたクリームをふんわりとのせる。
3. 2枚目のスポンジ生地をそっとのせ、ジャムをたっぷり塗る。
4. 泡立てたクリームをふんわりのせ、粗く砕いたヘーゼルナッツと削ったダークチョコレートを飾る。

仕上げ 2

仕上げ 3

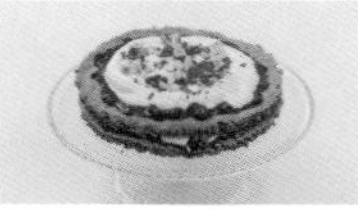
仕上げ 4

ライサワー種で発酵させたライ麦全粒100％のロブロが醸し出す独特の旨味、ヘーゼルナッツのコクと黒すぐり（カシス）の酸味、生クリームのまろやかさが相まったケーキ。夫の誕生日には、息子と一緒にこのケーキを作ります

ロブロのお祝いケーキへの想い

ドイツと陸続きの南ユトランド地方で大切に受け継がれた「ロブロのお祝いケーキ」には思い入れがあります。ホール以外で提供しにくい性質を持つためか、ホールで作っても形を保ちにくいからなのか、パティスリーでもベーカリーでも、カフェでも見かけたことがありません。しかし、このケーキへの評価は高く、デンマークを代表する料理研究家や料理学校が、折に触れて紹介しています。夫はこの地方の出身で、誕生日はこのケーキで祝うのが実家での慣習だったと聞き、お手本がない中、文献を片手に試行錯誤を繰り返し、いつからか息子も加わり、お祝いの席での定番となりました。

1864年から1920年までドイツ領だった背景を持つ南ユトランド地方は、他の地域よりも母国への思いが強く、デンマーク人としての団結と伝統文化の継承を大切にしてきました。長方形のロブロを焼くことが全国で標準化した時代にドイツ領だったため、古来、作られてきたなまこ型のロブロが、この地方にだけ残りました。ドイツからの返還後も、団結と伝統を大切にする風潮が続き、「ロブロのお祝いケーキ」も受け継がれてきました。

現在、市販のロブロはシード入りロブロが主流なのですが、「ロブロのお祝いケーキ」は、ライ麦全粒100％のロブロだからこそ生まれる味だということを引き継いでいきたいと思います。

1.黒すぐり（カシス）が熟す頃 2.赤すぐり 3.丸すぐり 4.ベリー摘みは、デンマークの夏の風物詩 5.黒すぐりのジャムはロブロとの相性が抜群。ここではヨーグルトと一緒に

黒すぐり

ベリー摘みは、北欧に共通する夏の風物詩ですが、デンマークでは、いちごと並んで、すぐりを家庭の菜園で育てる文化が育ちました。すぐりは黒すぐり、赤すぐり、丸すぐりが主流で、白すぐりなどの希少なタイプも存在します。黒すぐりは、カシス（仏）、ブラックカラント（英）、赤すぐりは、グロゼイユ（仏）、丸すぐりは、グースベリー（英）と呼ばれています。ビタミンやミネラルを豊富に含んでいるため、健康を支える大切な食材として扱われてきました。最近では、強力な抗酸化食材としても注目されています。野菜やいちごのように手をかけなくても、たわわに実ってくれます。かなりの量が収穫できるので、ジャムやジュレを作り、通年で楽しめるように加工する習慣が根付きました。

「カシス」として名が通っている黒すぐりは、ロブロのお祝いケーキを支える重要な食材です。酸味と風味に独特の存在感があり、ロブロが持つ複雑な味覚に負けることなく、ロブロのおいしさを支えてくれる頼もしい仲間です。ジャムとしても、パンチを持ちながらも、優雅な一品に仕上がります。カシスのジャムは、バターを塗ったロブロにたっぷりのせて、コーヒーのお供にしたり、ヨーグルトなどの発酵乳に、ロブロの甘そぼろと一緒に食べるのもおすすめです。

「麦の家」のロブロ・ケーキ

20㎝ x 20㎝ スクエア型一台分

文化施設「麦の家」(P.24参照)で好評のロブロ・ケーキはカット済みで店頭に並んでいます。オリジナルのレシピから家庭用サイズに再現しました

ロブロのケーキ生地

材料

- ロブロ生そぼろ … 150g(P.91参照)
- ヘーゼルナッツ(ロースト済み) … 150g
- 卵白 … 120g
- きび砂糖 … 200g
- ベーキングパウダー … 小さじ1
- 塩 … 小さじ¼

ローストの仕方は、P.173を参照ください。

作り方

1. ロブロ生そぼろとヘーゼルナッツをフードプロセッサーで粗く砕く。
2. ベーキングパウダーと塩を加える。
3. 卵白と砂糖を固く泡立て、2を加えて、なめらかな生地にする。
4. クッキングシートを敷いた型に生地を流し、175°Cに予熱したオーブンで、約25分を目安に焼く。

チョコレートクリーム

材料

- 卵黄 … 15g
- きび砂糖 … 5g
- ミルク … 25g(牛乳でも豆乳でもOK)
- 純生クリーム … 25g
- バニラパウダー … 適量
- ダークチョコレート … 40g(刻んでおく)

作り方

1. 卵黄と砂糖はよく混ぜておく。
2. ミルク、生クリーム、バニラパウダーを鍋に入れ、沸騰直前まで沸かす。
3. 2を少しだけ1に加えて、手早く混ぜ、鍋に戻して、弱火で70°C付近になるまで混ぜながら加熱し、とろみをつける。
4. 刻んだチョコレートが入ったボウルに3を加え、手早くチョコレートを溶かす。
5. 焼き上がったスクエア生地の型に4を流し、表面が均一になるように整えて、冷蔵/冷凍庫に入れる。

万が一、チョコレートが粒で残っている場合には、ボウルを湯煎にかけて、なめらかにしてください。

クレームフレッシュ・ムース

材料

- ゼラチン … 2g
- 純生クリーム … 125g(25g+100g)
- きび砂糖 … 25g
- バニラビーンズ … 適宜
- クレームフレッシュ(乳脂肪分40%のサワークリームで代用可) … 100g(30g + 70g)

作り方

1. ゼラチンは、水(分量外)でふやかしておく。
2. 生クリーム25gと砂糖、バニラビーンズを鍋に入れて沸騰させ、水気を切ったゼラチンを加えて溶かす。
3. 100gの生クリームを柔らかく泡だて、70gのクレームフレッシュを加え、なめらかに混ぜる。
4. クレームフレッシュ30gを2に加えて混ぜる。
5. 3に加えて、手早く、なめらかに混ぜる。
6. 上記のチョコレートクリームが固まっているか確認し、その上から手早く4を流す。
7. 冷凍庫で固めた後でカットする。

映画「バベットの晩餐会」にも登場する
ロブロ粥

材料

・ 硬くなったロブロ、もしくは、ロブロ生そぼろ
・ ロブロの3～4倍の水
・ はちみつ … 適量（きび砂糖、黒砂糖で代用可）
・ （お好みで）ココア … 少々（風味づけに）

トッピング

・ 純生クリーム（柔らかく泡立てたもの）… 適量
・ 季節のくだもののコンポート、ジャムなど … 適量
・ ロースト・ヘーゼルナッツ … 適量（アーモンドや胡桃で代用可）

作り方

1. 硬くなったロブロを約3倍の水につけて、冷蔵庫で一晩おく。
2. ふやけたら、水ごと鍋に移して、木べらでロブロを崩す。ココアで風味づけする場合は、ここで加える。
3. 中火にかけ、底が焦げ付かないように、時々、木べらでかき混ぜながら温め、お湯で好みの水分量に調節する。

ロブロが均一に崩れて、大きな粒が残らないようにしましょう。お好みによりますが、私は4倍量に近い水を使うことが多いです。

4. ふつふつしたら火を止める。

おかゆとして楽しむ場合
お好みで、はちみつで甘みを加える。果物のコンポートやふんわりと泡立てた生クリームを添える。

おかゆからクネッケをつくる場合
はちみつなどの甘味を加えない。

ロブロ粥で作るクネッケ

材料

・ ロブロ粥（はちみつを加えていないもの）… 300g
・ 塩 … 小さじ½
・ シード類（ごま、パンプキンシード、ひまわりの種など … 大さじ6
・ ライ麦全粒粉 … 大さじ1
・ EXオリーブオイル … 大さじ3

作り方

1. ロブロ粥を残りの材料と均一な生地になるまで混ぜ合わせる。
2. クッキングシートを敷いた天板に、生地を置き、3㎜厚になめらかに伸ばす。生地の上に、クッキングシートをもう一枚置いて、麺棒で薄くのばしてもよい。
3. 150℃に予熱したオーブンで30～50分程度、生地が乾いて、パリッとするまで焼く。
4. オーブンから取り出し、クーラーの上で冷ます。
5. 冷めたら、手で好みの大きさに割ります。超極薄のパリパリせんべいのようなクラッカーになります。

生クルトンでとろみをつける

ロブロ入り野菜スープ

材料

- 玉ねぎ … 100g
- ポアローねぎ（太ねぎ） … 150g
- にんじん … 150g
- 大根 … 300g
- キャベツ … 100g
- 椎茸・えのき茸 … 100g
- EXオリーブオイル、太白ごま油など … 大さじ1
- 塩 … 小さじ½
- タイムの枝 … 1本（省略可）
- ロブロ生クルトン … 50〜100g
- 塩 … 適量
- 水 … 適量
- （お好みで）ゆで豆 … 適量

- 分量は参考量です。冷蔵庫にあるもので、お好きな組み合わせを見つけてください。
- オイルは、菜種油なども使えます。良質なものをお使いください。

作り方

1. 野菜はすべて1〜1.5くらいの角切り、もしくは、それに相当する大きさに切る。
2. 鍋に油、玉ねぎ、塩を入れ、中火で透き通るまで炒める。
3. ねぎ、にんじん、大根を加えて、全体に油が回るように混ぜる。
4. 材料の半分くらいまでの水を注ぎ、タイムの枝を加え、蓋をして、10分ほど蒸し煮にする。
5. キャベツと椎茸・えのき茸を加え、5分ほど蒸し煮にする。
6. 角切りにしたロブロを加え、ひたひたに水を注ぎ、中火で煮立てた後、5分くらい弱火で火を通す。
7. 塩で味を整える。
8. 火を切って、5〜10分ほどおき、味をなじませる。

- ゆで豆を加える場合、6でロブロと一緒に加えてください。
- お好みで生姜、もしくは、にんにくのみじん切りを加えてもおいしく仕上がります。その場合、2の後に加えましょう。

ライサワー種が余ったときに…

ライサワー種で作るクネッケ

材料

- ライサワー種 … 100g
- シード類（ひまわりの種、パンプキンシード、ごまなど） … 80〜100g
- ライ麦全粒粉 … 25g
- オリーブオイル … 10〜12g

作り方

1. ライサワー種にシード類を加えてよく混ぜる。
2. ライ麦全粒粉を加えて、全体をよく混ぜ、オイルを加えて、均一でなめらかな生地になるまで混ぜる。
3. 生地を２枚のクッキングシートの間に置き、クッキングシートの上から、約1㎜程度で、シードと同じ厚みになるように均一に伸ばす。
4. 175℃で15分くらいを目安に、程よい焼き色がつき、水分が飛んでパリッとなっていたら、オーブンから出して、クーラーの上で冷ます。冷めていく過程で、さらにパリッとなる。
5. 完全に冷めたら、ガラス瓶などの保存容器で保管する。

ロブロを楽しむ 3つの基本手法

浸して使う

ロブロの歴史と同じだけ存在する調理法です。最近は、薄焼きせんべいのように仕上げる方法にも興味が持たれています。

乾かして使う

乾いてきた生地を生かして、乾かした状態で、長く楽しめる方法です。味をつけず、加熱しない状態の生そぼろとして、冷凍保存もできます。

スライスして使う

のせたり、はさんだり、料理のお供やおやつなど、多彩な楽しみ方ができます。パンとして、ストレートな楽しみ方ができます。

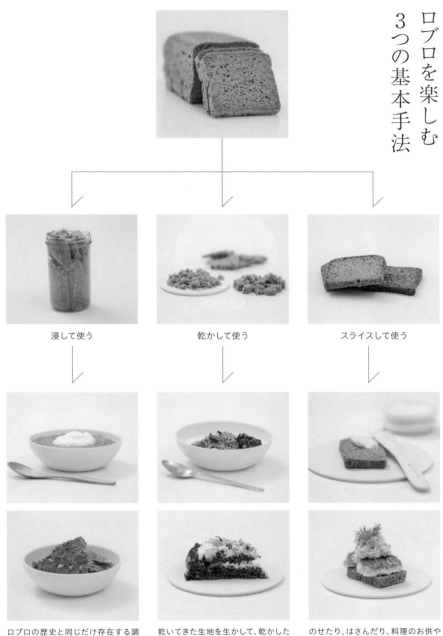

写真から引く

索引

P.156 豆の野菜のスープ

P.152 ロブロ・サンド

P.147 ぱりぱりロブロ

P.157 菊芋とりんごのポタージュ

P. 154 グリーンペースト

P.147 ぽりぽりロブロ

P.106 基本のロブロ

P.157 ロブロ塩ハーブクルトン

P.155 豆のペースト（フムス）

P.148 季節のサラダ

P.108 ナチュラル・ロブロ

P.160 にしんのマリネスモーブロ

P.155 緑の豆のペースト

P.148 ロブロ塩ハーブクランチ

P.110 シード入りロブロ

P.160 カレー風味の卵サラダ

P.155 ピンクの豆のペースト

P.149 発酵乳とりんごのピュレ

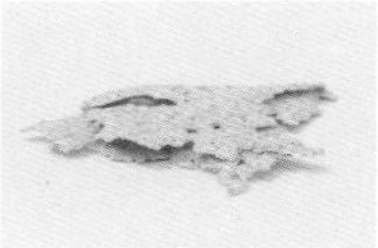
P. 114 乾燥ライサワー種

P.160 ロシア風サラダ

P.155 ロースト・パプリカ

P.149 ロブロのグラノラ・発酵乳

P.115 リフレッシュの仕方

P.161 いわしの甘酢マリネ

P.149 ロブロのグラノラ

P.117 ライサワー種の作り方

P.161 いわしのマリネ・スモーブロ

P.177 ロブロ粥

P.177 ロブロ粥で作る
クネッケ

P.178 ロブロ入り野菜スープ

P.178 ライサワー種で作る
クネッケ

P.170 ベールをかぶった
農家の娘さん

P.170 エルダーベリーの
デザートスープ

P.171 りんごのクランブル風

P.171 ロブロ甘そぼろ

P.171 ロブロ甘クランチ

P.171 ロブロ甘クルトン

P.172 ロブロのお祝い
ケーキ

P.176「麦の家」の
ロブロ・ケーキ

P.166 鱈のフリカデラ

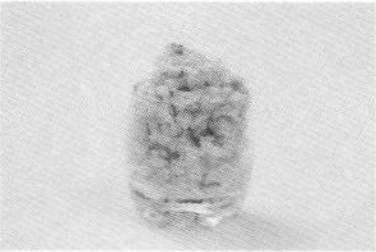
P.167 根菜レムラードソース

P.168 鶏のサラダ・
スモーブロ

P.168 鶏のサラダ

P.169 ハム&イタリア風
サラダ・スモーブロ

P.169 鱈のサラダ・
スモーブロ

P.162 グラブラックス

P.163 ディル風味
マスタード・ドレッシング

P.163 ポテトサラダ

P.163 卵サラダ

P.164 基本のフリカデラ

P.165 きゅうりの甘酢和え

P.165 紫キャベツの
甘酢漬け

P.165 ビーツの甘酢漬け

参考文献

Buhl, B., Rug og rugbrød : Klassiske opskrifter og fortællinger fra den danske madhistorie, Turbine, 2019

Fink-Jensen M et. al : Historien om Danmark. Bind 2, Reformationen, enevælde og demokrati, Gads Forlag, 2017

Halse S. og Henschen, D., Mikkel Hindhede og kampen om danskernes kost, Aarhus Universitetsforlag, 2020

Hansen, H. P, Bondens Brød : Primitiv brødbagning, Ejnar Andersens Forlag, 1954

Hansen, Å. S., Rugbrødsglæde – Bag lækkert surdejsrugbrød, Turbine, 2023

Helms, Nik. M., Danmarks historie fortalt for børn, Gyldendal, 1955

Skaarup, B., Bag brødet : Dansk brød og bagning gennem 6000 år, Gyldendal, 2011

Varberg, J & Jensen, K. V. : Historien om Danmark. Bind 1, Oldtid og middelalder, Gads Forlag, 2017

Nutrition Journal. 2009; 8:42

American Journal of Clinical Nutrition. 2008; 87(5): 1497-503.

https://www.aurion.dk/
https://danmark1914-18.dk
https://foedevarestyrelsen.dk/kost-og-foedevarer/alt-om-mad/de-officielle-kostraad
https://fuldkorn.dk
https://www.ilbuco.dk/
https://kosthåndbogen.dk/content/portionsstoerrelser
https://lex.dk
https://okologi.dk
https://video.ku.dk/video/53299894/fodevarevidenskabens-historie-4
https://www.sst.dk/-/media/Udgivelser/2021/Boernesundhed/Mad-og-maaltider-til-smaaboern-DK.ashx
https://www.tivoli.dk

東海大学歴史と未来の博物館　松前記念館事務室，
東海大学の建学の歴史と教育思想―松前記念館学芸員の業務資料を中心に―

フォート，H.W.「改革者グルントウィ」―デンマーク国民高等学校発達史、北海道東海大学その教育の源流―東海大学見学の理念を求めて，1987

デンマークへの思慕

かつて広島で「タカキのパン」として出発したアンデルセングループは、株式会社アンデルセン、株式会社タカキベーカリーを中心としたパンを主に製造・販売するグループカンパニーに成長していますが、私が小さかった頃は、「タカキベーカリー」と呼ばれていました。デンマークの国旗がデザインされた袋に入った「デンマークロール」は、私にとって崇高なお菓子でした。また、時々、祖父母に連れて行ってもらっていた広島の目抜き通り本通に所在する「アンデルセン」は、パンの香りで満ち溢れ、夢のようなスポットでした。

私が直接デンマークとつながったのは、父が所属していたライオンズクラブを介して我が家に滞在していた交換留学生との縁でした。しかし、振り返ってみると、「タカキベーカリー」と「アンデルセン」、そして、「リトルマーメイド」が大きく成長していた時代を、アンデルセングループの本拠地・広島で過ごしていたようです。１９５９年の創業者・高木俊介氏の劇的なデニッシュペストリーとの出会いは、ものがたりのように何度も耳にしてきました。３年後の１９６２年に、日本で初めてと言われるデニッシュペストリーの発売が実現し、今日のデニッシュ文化の先駆けになったことは、高木俊介ご夫妻の高い志と実行力があったからこそ叶った偉業だと思います。そして、小さな頃からデンマークを憧れの国と感じていた背景には、当時の広報責任者でいらした創業者夫人・高木彬子さんとスタッフの方々が織りなす素敵なおはなしの数々が影響していたに違いないと、今になって見えてくる光景があります。

憧れの国デンマークは、私にとって暮らしの地となりましたが、小さな頃に育んだデンマークへの思慕のルーツを考えると、文化をお伝えすることの意義と、自らが感動したことを他の人と共有することへの大切さを改めて感じます。

あとがき

ロブロに魅せられた暮らしの中で、ロブロの文化と底力のようなものを本という形でお伝えしたいと思うようになって、かなりの歳月が経ちます。ロブロの国で育っていない私が、ロブロの魅力をお伝えしきれるか、パンの専門家でもデンマーク文化の学術研究者でもない私が、ロブロやデンマークの一端をご紹介できるか、という思いは常によぎりましたが、多くの方のお力添えでこの本が生まれました。ロブロとロブロを育てた国デンマークを敬愛してやまない者が、これまでに蓄積した知識や経験を結集させて、生まれ育った国、日本のみなさまにとって有益となり得る情報を共有したいと思って書いた本、とご理解いただければ幸いです。

この本を書くにあたり、各分野の方々に温かいご理解とご協力をいただきました。ここに改めて感謝の念を表します。

徳永久美子さんは、パン職人としてのお立場からロブロの魅力とデンマークで培われた楽しみ方を高く評価くださり、ご子息・徳永将生さんと共にさまざまな形で応援してくださいました。温かいご支援とご協力に深く感謝いたします。また、クレヨンハウスでの連載でご縁をいただき、ミネラル摂取の普及活動を行なっていらっしゃる国光美佳さん（「子どもの心と健康を守る会」代表）は、ロブロの栄養価とともに、デンマークでのオーガニック給食に携わった経歴に着目くださいました。幅広い応援とさまざまな分野へのお繋ぎに厚くお礼を申し上げます。

ロブロ文化は奥が深く、学び続けなければならない要素がたくさんあります。今回の制作時には、デンマーク側でも多くの方々のご理解とご協力を賜りました。191頁でデンマーク語での謝辞を表しますが、100年以上続く家政学校をルーツとし、現在はフォルケ・ホイスコーレとして存在する由緒ある料理学校で、長い間、副学長を務め、ベストセラーの料理本の著者でもあるキヤステン・フュ・フォクト（Kirsten Høgh Fogt）さんが、ロブロとスモーブロの文化的観点とビジュアル観点から本書の内容を確認くださったことを特筆します。

第五章の技術的表現に関しては、徳永久美子さんと徳永将生さんが確認してくださいました。パン職人としての立場での的確なご意見とご提案を賜りましたこと、ここに改めてお礼を申し上げます。また、ロブロのバリエーションとして、コペンハーゲン近郊のベーカリー THE BREAD STATION と東京・広尾のベーカリーBRØDで実際にお使いのレシピをご紹介する機会に恵まれました。ご厚意に感謝します。

第七章に掲載されているレシピは、デンマークで楽しまれている形が日本の食材で再現できるよう心がけています。どうしてもご紹介したかった「にしんのスモーブロ」は、料理家・河井あゆみさんから新鮮ないわしを使ったレシピをお借りしました。デンマークで私が実際に使っている甘酢のレシピから展開していただきました。ご理解とご協力にお礼を申し上げます。

また、この本には、これまでにロブロを作ってくださった方々の質問や経験が数多く反映されています。ロブロの会やデンマークの食事情を学ぶ会などを通じて繋がったみなさまからの温かいご支援とご活動に改めて感謝するとともに、みなさまが引き続き、ロブロのある暮らしを楽しんでくださることを願っています。

ぎりぎりになってしまった校正作業を果敢に申し出てくださった坂本詠子さんは、ご自身のロブロに対する熱い想いを丁寧なお仕事に反映してくださいました。本でお伝えしたいことが絞れない時や急ぎでレシピを確認したい時には福井浩子さんに依頼しました。また、日本でのオーブン温度の微調整は渡辺江利子さん、厨房での作業確認は社会福祉法人こどもの国 認定こども園まあや学園にお願いしました。杉村浩哉・美樹夫妻も校正時に温かい手を差し伸べてくださいました。みなさまそれぞれのご厚意と温かいご協力に心からお礼を申し上げます。

ロブロへの想いを帰国の度に耳を傾け、出版という形を提供してくださり、的確なご助言で完成まで導いてくださったのは、誠文堂新光社の中村智樹さんです。また、美しく読みやすい本に仕上げてくださったのは、デザイナーの木村愛さん。以前から木村さんのデザインにはとても惹かれており、お忙しい中、無理をお願いしました。木村さんの美感が散りばめられている装丁デザイン、みなさまにも楽しんいただけることを願っています。

この本には、夫が撮影した写真が700点近く収録されています。あちこちに撮影に出かけ、撮り直しを重ねて美しい写真を用意してもらいました。読者のみなさまにとって、わかりやすく、楽しんでいただける要素になることを願っています。制作終盤、日々の暮らしと撮影のために必要なロブロを焼き続けてくれたのも夫です。ここに改めて謝意を述べたいと思います。そして、この企画を全面的に応援し、日本とデンマーク双方の社会や文化を俯瞰し、建設的な提案をしてくれた息子にも、ありがとうを伝えます。

くらもと　さちこ

TAK

デンマーク側で協力してくださった方にもここに謝意を表します。

Særlig tak til:
Alice & Henning Kops og Lars Kops for at vise mig, hvor smuk Danmark er.
Anni & Axel Elvers for at lære klassiske danske retter.
Charlotte Riordan Zachariassen hos børnepasningen Lille Skovstjerne og Benedikte og Conrad for fotooptagelse.
Dineke Doppen & Mogens Jensen samt bageri og café Højbyhus for fotooptagelse og interview.
Dorte Holst Hansen for samarbejdet i Rudolf Steiner børnehaven Soria Moria.
Familien Oster for opbakning generelt og den store værdsættelse af mit arbejde i køkkenet.
Il Buco for rundvisning og interview og fotooptagelse.
Inger & Jørn Ussing Larsen for interview.
Kalø Højskole for billedet på side 31.
Katrine Klinken for i samarbejdet om udgivelsen af ” Den store nordiske kogebog” .
Kirsten Høgh Fogt for fotooptagelse, faglig støtte og gennemgang af bogen.
Kirsten Oster for fotooptagelse.
Kristina Ganea & BRØD for interview og opskrift.
Lena Rajakumar for opbakning og faglig og kulturel støtte.
Marie & Bo Bechsgaard og Anna og Carl for at låne ovnen hyppigt, mens vores ovn var i stykker.
Odense Stadsarkiv for billedet på side 38 og 39.
Pernille Fisker for at rådgive om udvælgelse af foto.
Skanderborg Historiske Arkiv for billedet af Mikkel Hindhede på side 51.
Susse Stuhr & Ole Jakobsen for interview og optagelse af Oles rugbrødsproduktion.
THE BREAD STATION for opskrift.
Uffe og hans forældre for fotooptagelse.
Åse Solvej Hansen for faglig rådgivning.
Åse Solvej Hansen & John Erik Madsen for interview.
Det Grønne Museum for billedet på side 36.
Fuldkornspartnerskabet for grafik på side 18 samt foto og logo på side 50.

Kai Kuramoto Oster for varm opbakning under forløbet, især ved fotooptagelser og prøvesmagning, samt med umiddelbare kommentarer til mine beskrivelser set med både danske og japanske øjne.
Jan Oster for de næsten uendelige fotooptagelser og utallige rugbrødsproduktioner og surdejsforsøg, og ikke mindst den uundværlige opbakning under hele forløbet.

くらもと さちこ

コペンハーゲン在住。広島県出身。30年以上になるデンマークでの暮らしで築いた知識と経験による独自の視点で、デンマークの豊かな文化を紹介する企画や執筆を中心に活動している。専門は食と食文化。デンマークの高等教育機関で健康と栄養の学位を取得。シュタイナー教育機関でのオーガニック菜食給食の献立指導および給食導入プログラム開発を担当。誠文堂新光社『北欧料理大全』では編集・翻訳・序章の執筆を担当。https://www.kuramoto.dk @sachikokuramoto.dk

技術確認	徳永 久美子　徳永 将生（P.106、107）
レシピ協力	THE BREAD STATION（P.108）／ BRØD - Kristina Ganea（P.110） 河井 あゆみ（P.161）
取材撮影協力	Højbyhus - Dineke Doppen & Uffe ／ IL BUCO ／ Inger & Jørn Ussing Larsen ／ Kornet Hus ／ Lille Skovstjerne - Charlotte Riordan Zachariassen ／ Susse Stuhr & Ole Jacobsen ／ Åse Solvej Hansen & John Erik Madsen
写真協力	Det Grønne Museum ／ Fuldkornpartnerskabet ／ Kalø Højskole ／ Odense Stadsarkiv ／Skanderborg Historiske Arkiv
撮影	Jan Oster（ヤン・オースター）
装丁・デザイン	木村 愛
校正	坂本 詠子
編集協力	倉本 茂　杉村 和　福井 浩子　八木 祐理子

食文化《しょくぶんか》、健康《けんこう》の考《かんが》え方、パンの作《つく》り方《かた》から、料理《りょうり》、お菓子《かし》への展開《てんかい》まで

北欧《ほくおう》デンマークのライ麦《むぎ》パン ロブロの教科書《きょうかしょ》

2024年5月20日 発 行　　NDC596

著　　者	くらもとさちこ
発 行 者	小川雄一
発 行 所	株式会社 誠文堂新光社 〒113-0033 東京都文京区本郷 3-3-11 電話 03-5800-5780 https://www.seibundo-shinkosha.net/
印 刷 所	広研印刷 株式会社
製 本 所	和光堂 株式会社

ISBN978-4-416-62394-7

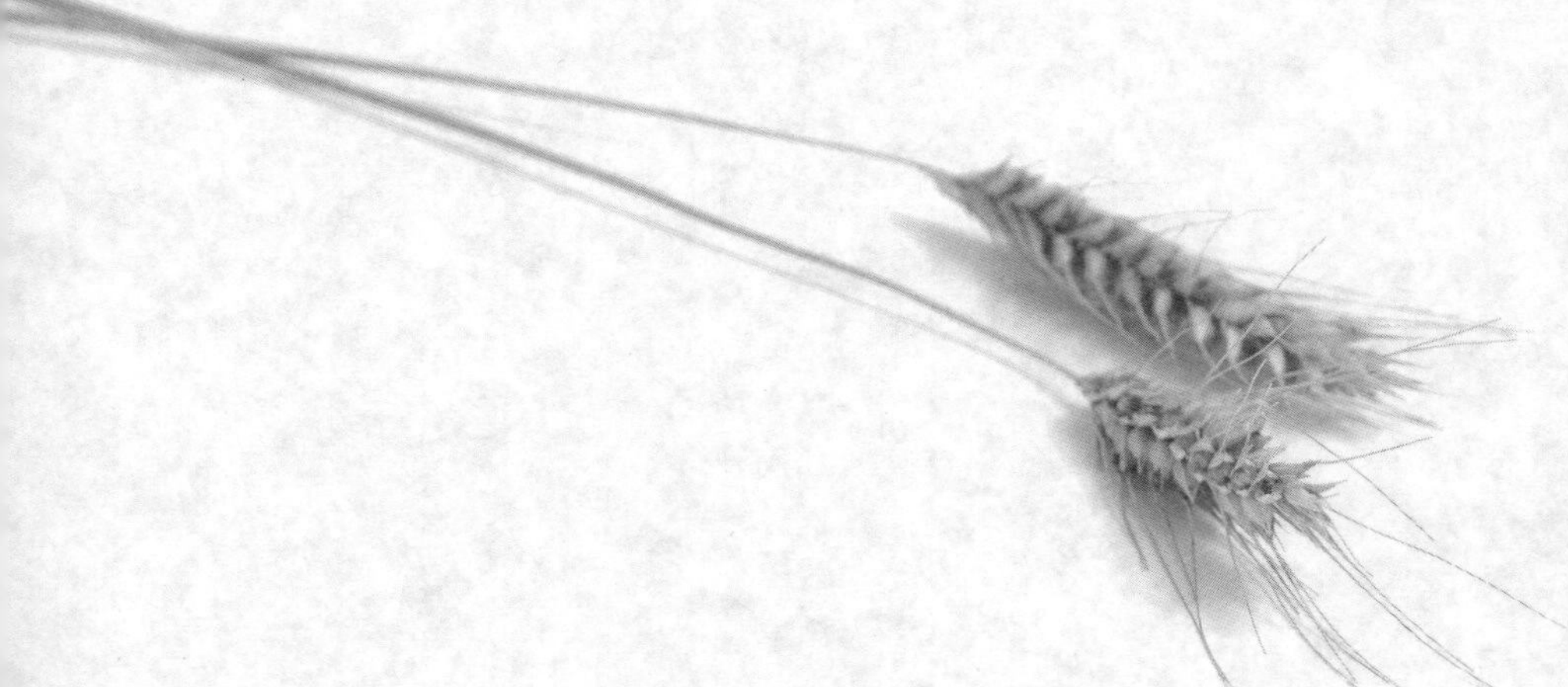